Ab 10 Jahren

Hans-Peter Tiemann

# 13 freche Sketche

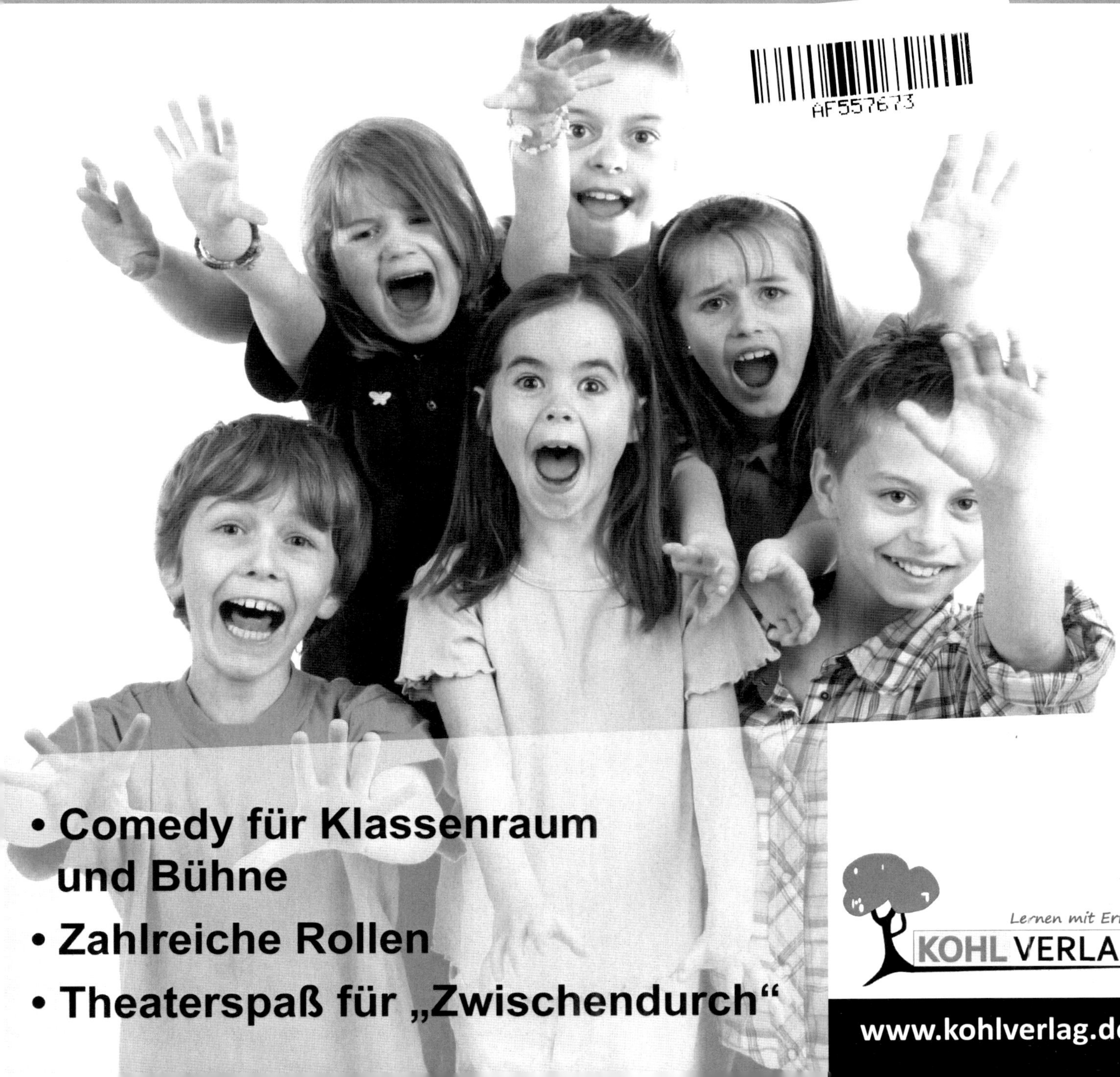

- Comedy für Klassenraum und Bühne
- Zahlreiche Rollen
- Theaterspaß für „Zwischendurch“

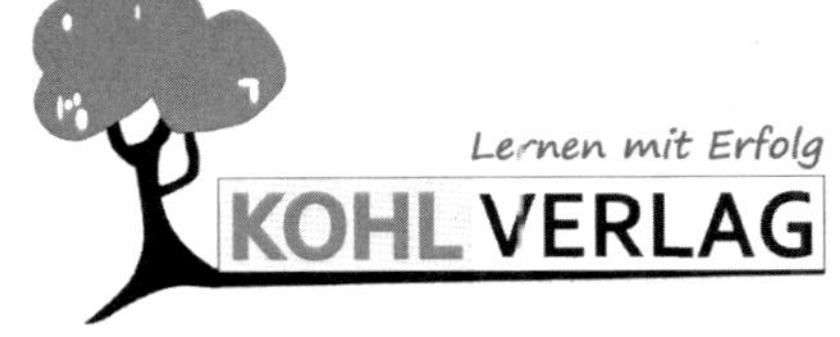


www.kohlverlag.de

# „13 freche Sketche“

## Tolle Stücke ab 10 Jahren

10. Auflage 2024



Inhalt: Hans-Peter Tiemann
Coverbild: © simoneminth - AdobeStock.com
Illustrationen: Linda und Sonja Schultz
Redaktion: Kohl-Verlag
Grafik & Satz: Kohl-Verlag
Druck: Druckhaus Flock, Köln

**Bestell-Nr. 12 156**

**ISBN: 978-3-96040-325-8**

# Inhalt





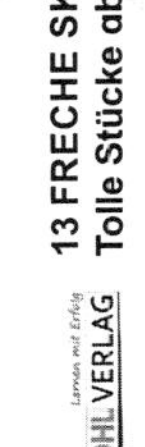

# Vorwort

Liebe Theaterleute,

vom ersten Sketch an heißt es „Bühne frei“ für die Mitwirkenden: Jede Spielszene bietet zahlreiche Rollen, kann um weitere Darstellerinnen und Darsteller ergänzt oder auch gekürzt werden, sodass kleine und große Spielgruppen vor begeistertem Publikum auftreten können.

In den ersten 5 Szenen dreht sich alles um turbulente Zoobesuche mit der Schulklasse: Während die geplagten Pädagogen Arbeitsblätter verteilen und die „Zoorallye“ auswerten, klettern die Kids über den Zaun, um Selfies mit dem Sibirischen Tiger zu machen, stehen staunend vor Pavianen oder zeigen den Bären, wie bei Fünftklässlern „Fütterungen“ mit Chips und Süßigkeiten ablaufen.

Die Bühne kommt bei allen Sketchen mit wenigen Requisiten aus: Mal genügen Zooschild oder Schreibtisch mit Monitor (8 Bücher), mal symbolisieren ein paar Stuhlreihen einen Klassenraum.

Da Kinder gern in Kostüme schlüpfen, dürfen sie hier natürlich auch Erwachsene, Lehrerinnen und Lehrer, engagierte Mütter, gereizte Väter und vor allem Sonderlinge spielen. Die Texte fordern dazu heraus, komödiantisches Talent zu zeigen und mit Wortwitz und Situationskomik zu agieren.

Die Szenen sind schnell eingeübt, drei oder vier Probentermine werden genügen. Sie lassen sich unter den Überschriften „Zoobesuch, Schulalltag und Beziehungen“ fassen, sind kurz und pointiert, für Spielzeiten von 3 bis 5 Minuten entworfen.

Für einen großen Theaterabend eignen sich die Sketche ebenso wie für kleine Aufführungen innerhalb von Projektwochen oder für den Sketche-Abend vor Eltern oder während einer Klassenfahrt. Schließlich bietet es sich an, die Szenen im Deutschunterricht mit verteilten Rollen zu lesen, darüber zu lachen und zu diskutieren.

Viel Vergnügen mit „13 frechen Sketchen“ wünschen Ihnen und Ihrem Theaterpublikum der Kohl-Verlag und

**Hans-Peter Tiemann**

**Aufgrund der besseren Lesbarkeit wird im Folgenden die männliche Form Lehrer bzw. Schüler verwendet. Gemeint sind damit selbstverständlich auch die weiblichen Personen.*

# 1 Nächste Fütterung

**<u>Die Personen (9 Kinder)</u>:**

Vivien
Klara
Mia
Emily
Mona-Constanze
Edelbert
Ben
Anton
Murat

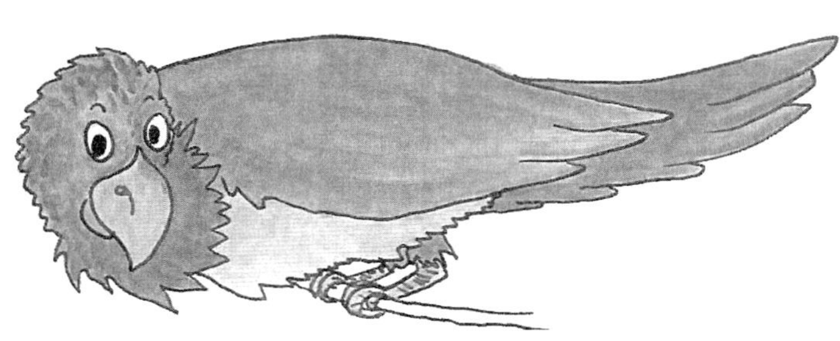

*Die Szene spielt im Zoo vor dem Bärengehege. Das befindet sich scheinbar im Zuschauerraum. Zunächst ist Vivien allein auf der Bühne. Sie ruft die anderen Kinder zu sich.*

**Vivien**
Los,  Leute, kommt schnell hierher zu den Bären! Nur noch drei Minuten bis zur nächsten Fütterung!

*Die Kinder stellen sich nebeneinander auf und blicken ins Publikum. Dabei essen sie andauernd: Die Mädchen bedienen sich aus großen Chipstüten und aus Tüten mit Süßigkeiten. Anton verspeist einen Burger. Mia hat nebenbei noch einen Lolli im Mund, Pauline leckt an einem Eis. Sie essen und kauen beim Sprechen. Edelbert bedient sich aus einer großen Tüte Marshmallows. Mona-Constanze isst Bio-Apfelscheiben, die sie in einer Box dabei hat.*

**Emily**
Toll, ich habe so eine Fütterung noch nie gesehen.

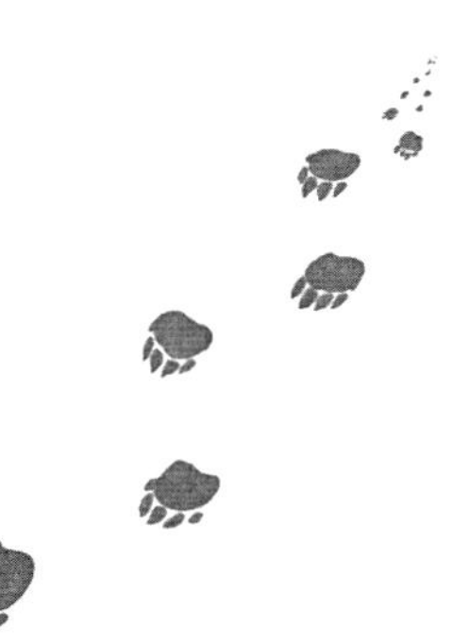

**Klara**
Ich auch nicht!

**Mia**
Hey, guckt mal, da kommen sie, zwei fette Teddybären!

**Emily**
Sind die süß und knuddelig!

**Ben**
Das sind keine Teddybären – *(blickt auf ein Schild und liest)* das sind Kamtschatkabären aus dem Osten Russlands.

**Emily**
Was du alles weißt..*(blickt auf Mias Tüte)*

**Murat**
Er hat keine Ahnung. Er liest alles von dem Schild ab!

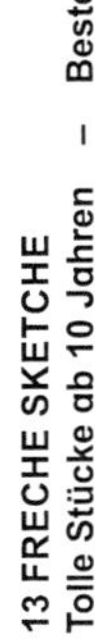


13 FRECHE SKETCHE
Tolle Stücke ab 10 Jahren – Bestell-Nr. 12 156

# 1 Nächste Fütterung

**Edelbert**
Meine Marshmallows mit Barbecue-Geschmack sind absolut genial, Leute!

**Emily**
Darf ich mal bei dir zuschlagen, Mia?

**Mia**
*(hält ihr die Tüte hin)* Hier – knackig frische Chips, orientalisch! Schmecken super!

**Vivien**
Lass mich auch mal, mh, lecker! – Probier mal meine! *(hält ihr die Tüte hin)*

**Anton**
Leute, ich hab den besten Burger aller Zeiten!

**Mona-Constanze**
Möchte mal jemand von meinen unbehandelten Bio-Apfelscheiben probieren?

**Alle**
Nein danke, Mona-Constanze!

**Ben**
*(zeigt auf die Bären)* Guckt mal, Leute, gleich kriegen die Bären ihr Fressi. Die können's kaum erwarten, bis sie sich die fetten Fleischbrocken in die Bärenmäuler stopfen…

**Murat**
Unglaublich, was so'n Bär alles verschlingen kann…

**Ben**
*(liest vom Schild ab)* Wenn sie ausgewachsen sind, fressen sie täglich rund 40 Kilogramm Futter und nehmen dabei fast drei Kilogramm am Tag zu.

**Edelbert**
Meine Barbecue-Marshmallows sind der absolute Hammer, Leute…

**Alle**
Freu dich, Edelbert!

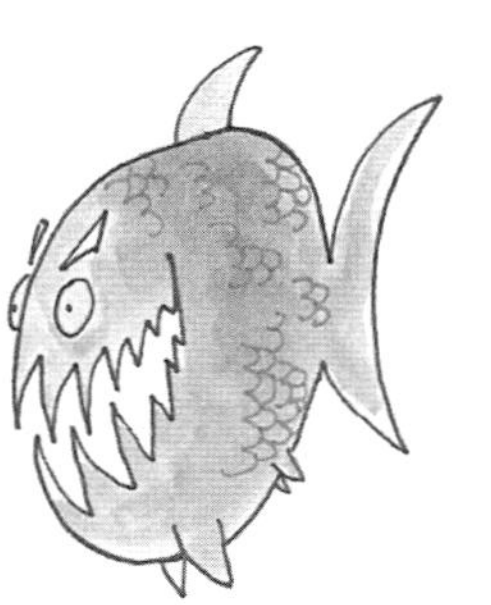

**Mona-Constanze**
Wollt ihr bestimmt keine unbehandelten Bio-Apfelscheiben?

**Alle**
Nein, Mona-Constanze!

**Ben**
*(liest vom Schild ab)* Kamtschatkabären sind übrigens Allesfresser.

**Alle**
Igitt!

## 1 Nächste Fütterung

**Ben**
Auf ihrem Speiseplan stehen Beeren und Pflanzen, aber auch Fleisch und Fisch sowie Insekten und deren Maden, außerdem Vögel und deren Brut.

**Alle**
Igitt!

**Emily**
Hör bitte auf, Ben, mir wird gleich kotzübel!

**Vivien**
Guck mal, wie der Dicke da auf seinen mächtigen Bärentatzen hin und her tapst!

**Anton**
Möchte nicht wissen, was der auf die Waage bringt. Bestimmt ist er unersättlich!

**Murat**
Wo gibt's eigentlich die XXL-Burger, Anton?

**Anton**
Da drüben, hinter dem Sibirischen Tiger.

**Klara**
Tauscht mal einer 'ne saure Zunge gegen Toppifruttis?

**Vivien**
Hier, kannst meine bunte Tüte probieren! *(hält ihr die Tüte hin, sie bedient sich)*

**Klara**
Danke! – Mh, lecker!

**Mona-Constanze**
Ich hab' noch ziemlich viele unbehandelte Bio-Apfelscheiben!

**Alle**
Schön für dich, Mona-Constanze.

**Ben**
Jetzt krault sich der alte Allesfresser genüsslich am dicken Bauch…

**Murat**
Der wird sich gleich das fetteste Stück Fleisch greifen.

**Edelbert**
Wusstet ihr, dass schon die Neandertaler vor 120.000 Jahren Marshmallows gefuttert haben…

**Alle**
Nein, Edelbert!

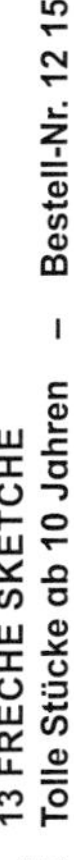

# 1 Nächste Fütterung

**Emily**
Darf ich bei dir noch mal naschen?

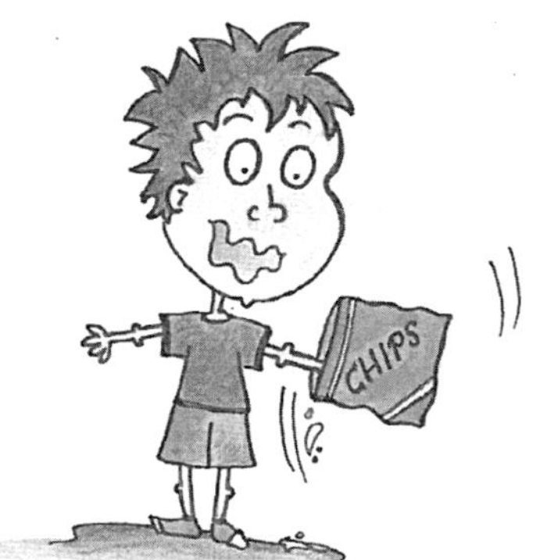


**Mia**
*(Hält ihr die Tüte hin)* Hier – knackig frische Chips!

**Emily**
Dafür könnt ich sterben!

**Vivien**
Lass mich auch mal, mh, lecker!

**Klara**
Hey Leute, da kommt noch einer...

**Murat**
Da hinten befindet sich wahrscheinlich der Eingang zu ihrer Bärenhöhle.

**Ben**
*(zeigt auf die Bären)* Bestimmt schleppen sie die besten Happen da hinein, damit sie ihnen keiner klaut!

**Vivien**
*(Murat will von Vivien naschen. Die schlägt ihm auf die Finger.)* Pfoten weg, Murat!

*Das Handy von Anton klingelt.*

**Anton**
Hallo Mama! Wie bitte, mein Zimmer? Was machst du denn in meinem Zimmer?

**Emily**
Möchte nicht wissen, was in so 'ner Bärenhöhle alles rumliegt.

**Klara**
Kadaver, Knochen, abgenagte Fischköpfe, wahrscheinlich noch sämtliche Reste von vorgestern.

**Anton**
Nein Mama, ich habe den Burger von letzter Woche nicht in meinem Zimmer vergessen – du hast nur die Burgerverpackung unterm Kopfkissen gefunden und die ist fast leer, Mama, fast leer.

**Murat**
Bestimmt wird's da drin ganz schön eng für die Bären.

**Anton**
Aber Mama, wieso denn Mülldeponie? – Ja, ich geb's zu! Die paar Pizzakartons unterm Bett habe ich ganz übersehen.

**Mia**
Möchte nicht wissen, wie's in so'ner Bärenhöhle müffelt...

# 1 Nächste Fütterung

**Anton**
Ja, Mama, die alten Socken habe ich leider auch da liegen lassen…

**Ben**
Wusstet ihr eigentlich, dass der Geruchssinn des Kamtschatkabären etwa 100.000 Mal feiner ist als der des Menschen?

**Anton**
Mama, da liegt kein totes Tier hinter dem Schrank! – Nein, Mama, das ist nur meine alte Sporttasche. Ich habe sie nicht auspacken können, weil der dumme Reißverschluss klemmt!

**Vivien**
Achtung Leute, da kommt der Tierpfleger mit zwei schweren Eimern.

**Emily**
Er kann sie kaum tragen.

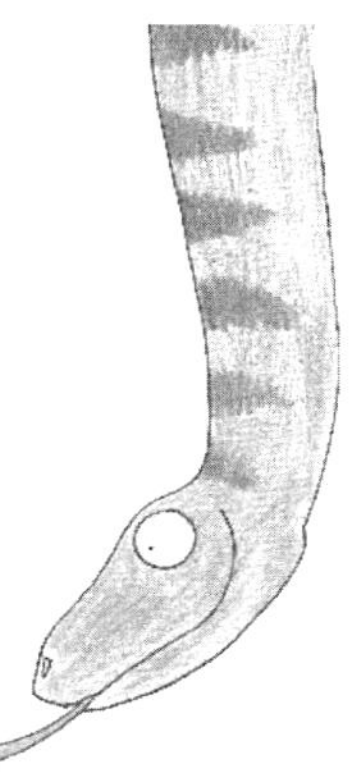

**Klara**
Hat mal einer noch was Süßes?

**Mia**
Hier, nimm dir!

**Edelbert**
Ich verschenke alle meine Marshmallows mit Barbecue-Geschmack!

**Alle**
Nein danke, Edelbert!

**Anton**
Mama, das kommt bestimmt nie wieder vor! – Bis später, tschüssi!

**Mona-Constanze**
Wie wär's denn jetzt mit 'ner unbehandelten Bio-Apfelscheibe?

**Alle**
Immer noch nicht, Mona-Constanze!

**Mia**
Guck mal, was der Große für lange Klauen an den Tatzen hat! – Und ich darf noch nicht mal ins Nagelstudio!

**Klara**
Die Bären haben ein sagenhaft glänzendes Fell. Meine Haare sind dagegen stumpf und hässlich…

**Murat**
Die haben Vorderbeine wie Baumstämme – und ich habe Arme wie Strohhalme!

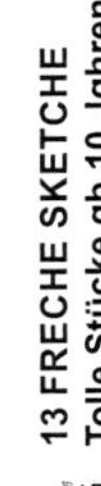

# 1 Nächste Fütterung

**Vivien**
Jetzt geht das große Fressen los!

**Murat**
Geht in Deckung, Leute, gleich hagelt es fette Fleischbrocken! Bestimmt wirft sie der Tierpfleger den Bären über den Wassergraben zu.

**Mia**
Was ist das denn?

**Ben**
Was macht der da?

**Emily**
Ich glaub's nicht, die kriegen ja gar kein Fleisch.

**Vivien**
Der wirft ja mit...

**Alle**
Äpfeln!

**Ben**
*(liest)* Hier steht's, Leute: Für's Fell, das glänzt, für starke Klauen – Soll'n Bären täglich Äpfel kauen! – So bleiben hier bei uns im Park – die Tiere fit und bärenstark.

**Alle**
Unglaublich!

**Mia**
Mona-Constanze...

**Mona –Constanze**
Ja, was ist?

**Alle**
Haste mal 'ne Apfelscheibe für uns! - Bitte!

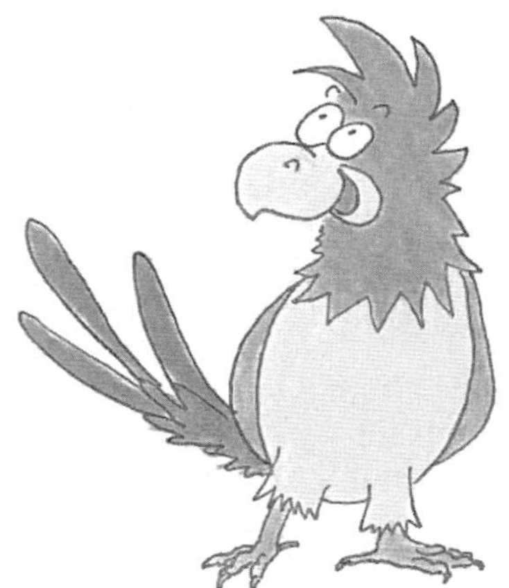

**ENDE**

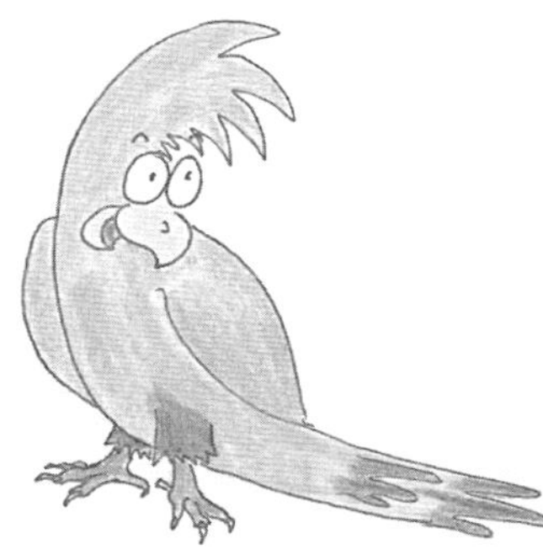

# 2 Bei den Pavianen

**Die Personen**

Frau Kramer (Lehrerin)
Emma
Lisa
Ludmila
Leonie
Murat
Marie-Luise
Jason-Fabio
Marvin
Ben

*Im Zoo. Frau Kramer kommt auf die Bühne, tritt an den Bühnenrand und blickt zum Publikum, wo sich scheinbar ein Affengehege befindet. Die Kindergruppe folgt ihr.*

**Frau Kramer**
Kommt hierher, Kinder! *(streng)* Und bitte nicht füttern!

*Die Kinder drängeln sich nach vorn, blicken neugierig zu den Affen.*

**Emma**
*(neugierig)* Wie heißen die Affen, Frau Kramer?

**Frau Kramer**
Das sind Paviane, Emma – Paviane! Sie leben nur in Afrika. Paviane werden in freier Wildbahn etwa 30 Jahre alt, in Gefangenschaft leben sie bis zu 45 Jahre. Sie gehören zur Familie der Meerkatzen.

**Lisa**
*(neugierig)* Frau Kramer, was machen denn die Paviane da?

**Ludmila**
*(neugierig)* Sieht merkwürdig aus!

**Frau Kramer**
Kinder, die Paviane zeigen uns genau das, was ich euch damals in der ersten Klasse bereits beigebracht habe: Sie betreiben Körperpflege.

**Die Kinder**
*(Sie staunen.)* Oh!

**Frau Kramer**
Die Affen tun es regelmäßig, haben Spaß dabei und sind viel einfallsreicher und geschickter als die meisten Menschen. Einige von euch werden es irgendwann beherrschen, andere werden es nie verstehen.

**Leonie**
*(neugierig)* Frau Kramer, was machen die Paviane jetzt gerade?

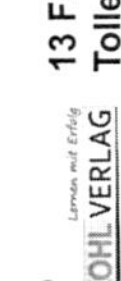

KOHL VERLAG 13 FRECHE SKETCHE Tolle Stücke ab 10 Jahren – Bestell-Nr. 12 156

# 2 Bei den Pavianen

**Murat**
*(neugierig)* Sieht interessant aus!

**Frau Kramer**
Leonie, die Paviane zeigen uns genau das, was ich euch damals in der zweiten Klasse in der Unterrichtsreihe „Gesunde Ernährung" beigebracht habe: Sie sammeln wertvolle Nahrungsmittel und essen das, was ihnen gut tut.

**Die Kinder**
*(Sie staunen.)* Oh!

**Frau Kramer**
Die Affen tun es regelmäßig, haben Spaß dabei und sind viel einfallsreicher und geschickter als die meisten Menschen. Einige von euch werden es irgendwann beherrschen, andere werden es nie verstehen.

*Die Kinder erschrecken plötzlich, weil die Affen kreischen und durcheinander rennen.*

**Marie-Luise**
*(neugierig)* Frau Kramer, was machen die Paviane denn jetzt plötzlich?

**Emily**
*(neugierig)* Sieht ziemlich krass aus!

**Frau Kramer**
Marie-Luise, die Paviane tun das, was ich euch in der dritten Klasse in der Unterrichtsreihe „Streiten und vertragen" beigebracht habe. Erst balgen und jagen sie sich, später sind sie wieder die dicksten Freunde.

**Die Kinder**
*(Sie staunen.)* Oh!

**Frau Kramer**
Die Affen tun es regelmäßig, haben Spaß dabei und sind viel einfallsreicher und geschickter als die meisten Menschen. Einige von euch werden es irgendwann beherrschen, andere werden es nie verstehen.

**Jason-Fabio**
*(sehr interessiert)* Sehen Sie nur, Frau Kramer, was die Paviane jetzt machen!

**Alle**
*(verwundert)* Oh!

**Ludmila**
*(neugierig)* Sieht merkwürdig aus!

**Frau Kramer**
*(verstört, eilig, winkt den Kindern)* Kommt schnell, Kinder, wir müssen uns beeilen, sonst verpassen wir noch die Fütterung der Elefanten.

**Alle**
Schade!

*Frau Kramer geht mit einigen Kindern ab, die sich neugierig umblicken. Andere bleiben zurück.*

**Jason-Fabio**
*(ruft einige Kinder zu sich)* Los Leute, bleibt hier! – Keine Ahnung, was da abgeht,

*Sie blicken wieder gebannt auf die Affen.*

**Marvin**
*(staunt)* Sieht ganz so aus, als ob's die Affen regelmäßig tun, Spaß dabei haben und viel einfallsreicher und geschickter als wir Menschen sind.

**Emma**
Frau Kramer wird es uns demnächst in der 4. Klasse beibringen.

**Ben**
Einige von uns werden es irgendwann beherrschen…

**Alle**
…andere werden es nie verstehen *(sie seufzen)* …

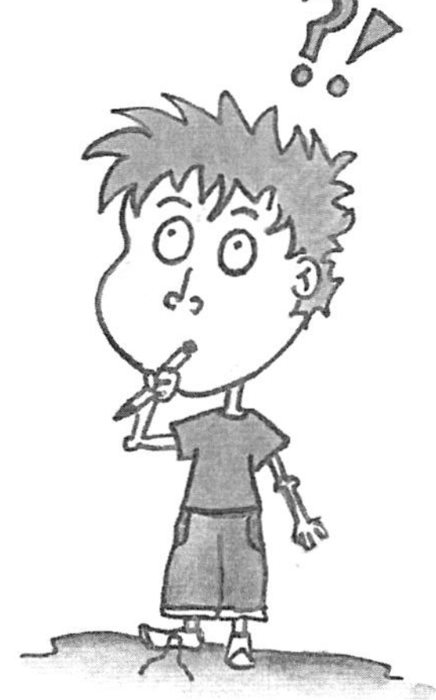


**ENDE**

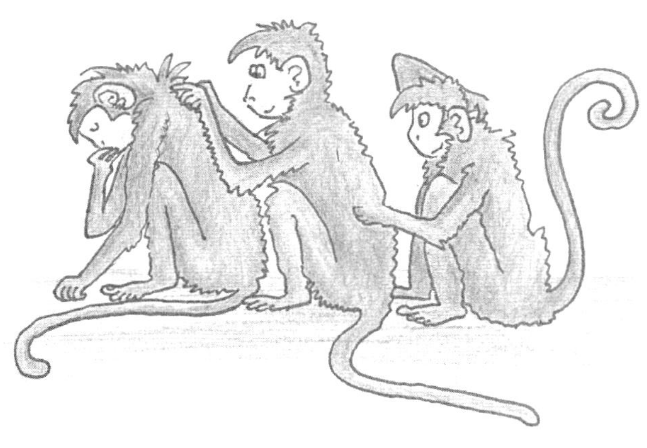

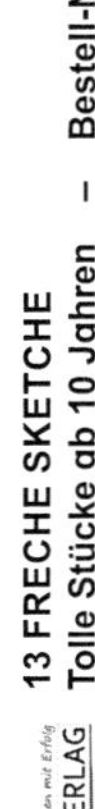

# 3 Flirt mit Florian

**Felicia**
Manch eine findet ihren Mann fürs Leben
Beim Tanzen oder in der Straßenbahn.
Auf Reisen kann sich Ähnliches ergeben.
Bei mir jedoch fing alles anders an…

**Chor / Refrain**
Im Zoo, im Zoo, im Zoo, im Zoo, im Zoo begann
Ihr Flirt mit Florian, ihr Flirt mit Florian.
Ringsum ging das Gefauche und Gebrülle los,
Da wurd' die Liebe groß, da wurd' die Liebe groß!

**Felicia**
Bei den Freigehegen
Kam er mir entgegen.
Bei den Pavianen
Nannt ich meinen Namen.
Bei den Grizzlybären
Sollt' ich ihn erhören.
Bei den Antilopen
War er nicht mehr zu stoppen,
Und das Känguruh…

**Chor:** Sah den beiden zu!

**Chor/ Refrain**
Im Zoo, im Zoo, im Zoo, im Zoo,
im Zoo begann
Ihr Flirt mit Florian, ihr Flirt mit Florian.
Ringsum ging das Gefauche und Gebrülle los,
Da wurd' die Liebe groß, da wurd' die Liebe groß!

**Felicia**
Bei den Dromedaren
Tat er ganz erfahren.
Bei den Klapperschlangen
Wollte er mich fangen,
Bei den Alligatoren
Wurd' er unverfroren.
Später bei den Gemsen
War er nicht mehr zu bremsen.

Dann im Regenwald…

Chor
Hat sie ihm eine geknallt! *(Man hört seinen Schrei: AUA!)*

**Chor/ Refrain**
Im Zoo, im Zoo, im Zoo, im Zoo, im Zoo begann
Ihr Flirt mit Florian, ihr Flirt mit Florian.
Ringsum ging das Gefauche und Gebrülle los,
Da wurd' die Liebe groß, da wurd' die Liebe groß!

**Nachsatz:**

**Felicia**
Ihr Mädchen da unten, ich möchte euch raten,
Vorsicht im zoologischen Garten!

**Alle:** Lalala… *(zur Melodie, sie gehen ab)*

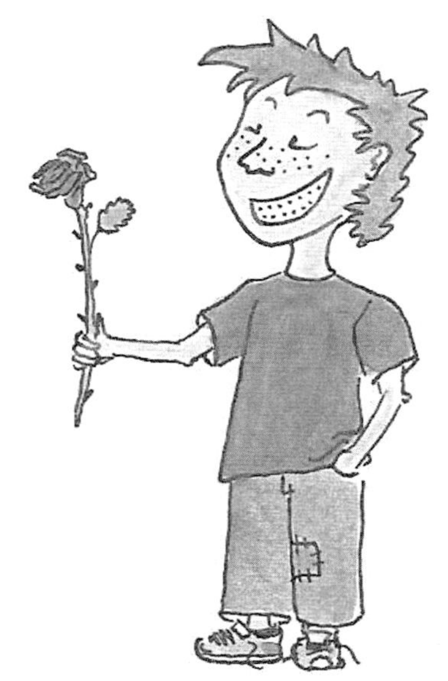

# 4 Schlaftabletten

**<u>Die Personen</u>**

Tom
Lisa
Marie
Finn
Emma
Luis
Frau Engelbrecht (Lehrerin)

*Im Zoo: Die Kinder stehen gelangweilt herum. Lisa und Marie kommen ebenfalls träge und gelangweilt dazu.*

**Lisa**
Hallo Leute!

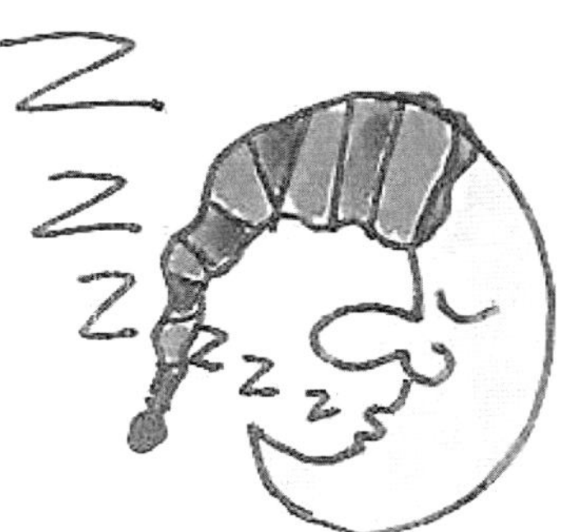

**Marie**
Hallöchen!

**Tom**
Hi Lisa, hallo Marie!

**Finn**
Wie war's bei den Löwen?

**Lisa**
*(seufzt)* Total tote Hose.

**Marie**
*(enttäuscht)* Die lagen nur im hohen Gras und haben gepennt.

**Tom**
Wie öde.

**Lisa**
Ab und zu hat sich mal einer gewälzt…

**Marie**
…oder gefurzt…*(alle lachen)*

**Lisa**
Dann hat ein anderer gegähnt, das war aber auch alles.

**Finn**
Bei den Krokodilen war auch nichts los. Die trägen Reptilien haben im Wasser gelegen, als wären sie ausgestopft.

**Emma**
Die Geparden sind gar nicht erst nach draußen gekommen. Haben wohl indoor tief und fest geratzt…

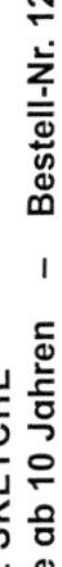

## 4 Schlaftabletten

**Luis**
Wahrscheinlich haben die Tierpfleger sämtlichen Viechern Schlaftabletten ins Futter gemischt.

**Tom**
Total langweilig, selbst die Affen liegen nur faul in der Sonne herum…

**Lisa**
So'n Zoo ist …

**Alle**
Einfach nur öde…

*Plötzlich blickt Emma in Richtung Publikum. Sie scheint etwas zu entdecken.*

**Emma**
Hey Leute, seht mal, die da hinten!

**Finn**
*(kommt neugierig hinzu)* Wo?

**Emma**
*(zeigt)* Da bei den Büschen!

**Luis**
*(staunt)* Da geht aber mächtig die Post ab!

**Marie**
So hätt ich's mir bei den Löwen auch gewünscht!

**Lisa**
Genau das habe ich vom Tiger erwartet!

**Marie**
*(begeistert)* Wahnsinn!

**Tom**
*(begeistert)* Ich kann's nicht fassen!

**Finn**
Wo denn? Ich sehe gar nichts…

**Emma**
*(zeigt)* Da vorn!

**Luis**
Jetzt preschen sie aufeinander los…

**Finn**
Wo denn, verdammt?

## 4 Schlaftabletten

**Tom**
Sieht ja gefährlich aus…

**Emma**
Die Nashörner drüben werden auch schon ganz wuschig.

**Luis**
Wie schnell die sich bewegen…

**Marie**
Au Backe, gleich krachen sie zusammen…

**Lisa**
*(hält sich die Augen zu)* Ich kann da gar nicht länger hinsehen!

**Finn**
Wo denn?

**Tom**
Jetzt haben sie sich ineinander verbissen…

**Emma**
So sehen echte Revierkämpfe aus…

**Tom**
Bei denen läuft alles nur über die Instinkte!

**Emma**
Jeder will überleben!

**Lisa**
Jeder will der Boss ein!

**Tom**
Die fighten um jeden Zentimeter!

**Marie**
Jetzt wälzen sie sich wie zwei Würgeschlangen im Schlamm…

**Tom**
Cool!

**Emma**
Bestialisch!

**Marie**
Endlich knallharte Action im Zoo!

*Plötzlich kommt Frau Engelbrecht dazu. Sie ruft laut und energisch in die Richtung, in die die Kinder blicken..*

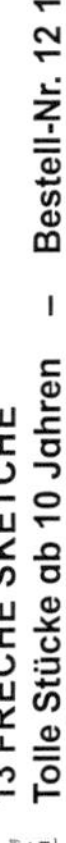

# 4 Schlaftabletten

**Frau Engelbrecht**
Lukas und Karl-Egon, auseinander, aber sofort! *(noch lauter)* Karl-Egon, lass ihn sofort los! Auseinander! *(pfeift auf ihrer Trillerpfeife)* Wollt ihr wohl aufhören, euch zu prügeln!

**Lisa**
Aber Frau Engelbrecht, seien Sie doch nicht so streng!

**Frau Engelbrecht**
Aufhören, habe ich gesagt! Beeilt euch und kommt sofort zum Ausgang, unser Bus wartet schon!

**Tom**
Nein!

**Luis**
Es fing gerade an, interessant zu werden…

**Finn**
*(enttäuscht)* Jetzt sehe ich sie auch!

**Alle Kinder**
Schade!

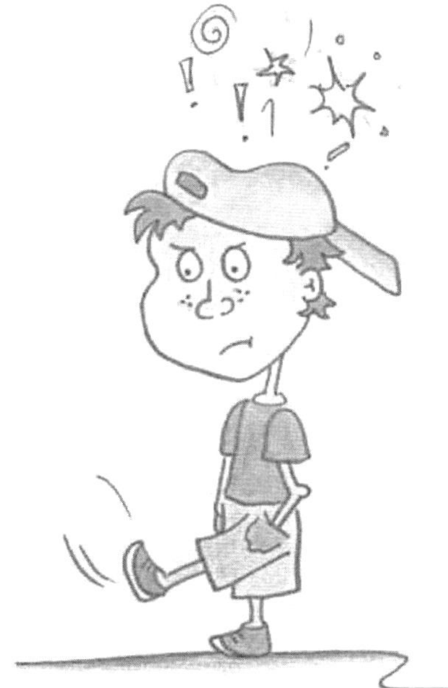

**ENDE**

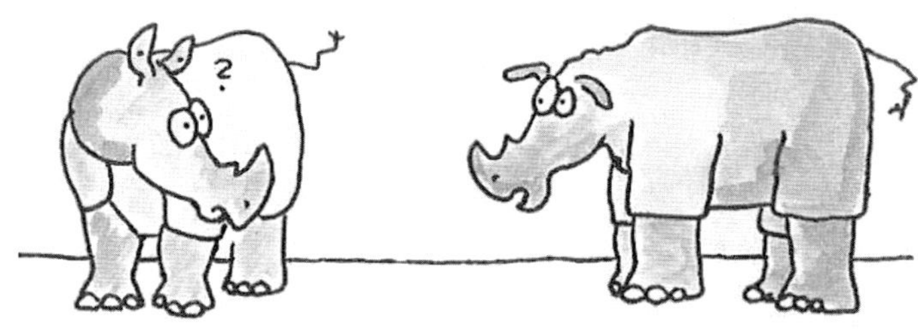

# 5 Streichelzoo

**Die Personen**

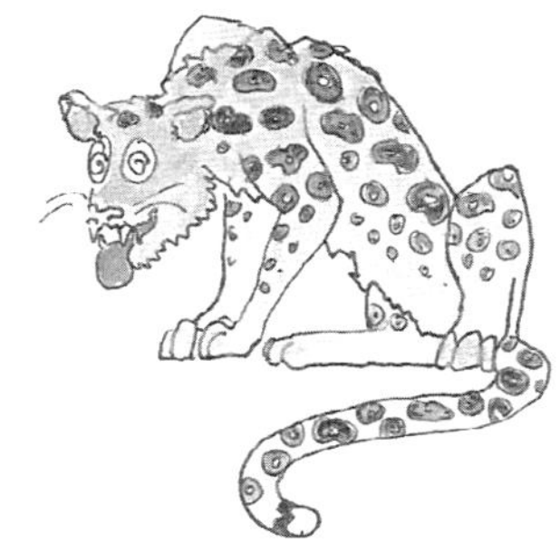

Frau Meierkamp, Lehrerin
Maria
Emma
Kira
Lucy
Paula
Antonia

*Frau Meierkamp steht vorn am Bühnenrand und blickt ins Publikum. Sie hat einen Stapel Blätter, eine Mappe und einen Stift in der Hand.*

**Frau Meierkamp**
*(ruft)* Kinder! – Hört mir bitte einmal gut zu! Ich möchte euch jetzt die Ergebnisse unserer Zoo-Rallye bekanntgeben! – Setzt euch alle mal da vorn auf die Bänke vor dem Streichelzoo! – *(sehr streng und laut)* Zuhören, Murat! Lass bitte sofort das Hängebauchschwein in Ruhe, Nein, Jason-Fabio, die Zwergziegen werden jetzt nicht angefasst, auch nicht am Schwanz! Kinder, zuhören! –
Erste Station, die Pinguine! Wer von euch war denn vorhin bei den Pinguinen, bitte einmal aufzeigen, Kinder! – Ist das eine Meldung, Johanna? – *(blickt auf ihre Blätter)* So, die Gruppe „Zooschnüffler“ hat 3 Fragen korrekt beantwortet, die Gruppe „Blindschleiche“, Gruppenleiter Mario, wo ist Gruppe „Blindschleiche“ – Hat jemand von euch die Blindschleichen gesehen? – Was sagt ihr, ich verstehe nicht, bei welchem Tier? Beim Softeisautomaten? Ist ja unverschämt! – Also, dann beginnen wir mal mit euren Antworten zu den Pinguinen!

*Maria und Emma kommen angerannt.*

**Maria**
*(außer Atem, sehr aufgeregt)* Frau Meierkamp, es ist etwas Schlimmes passiert!

**Emma**
Es ist schrecklich, ganz schrecklich!

**Frau Meierkamp**
*(Sie übersieht jetzt und später die aufgeregten Kinder, ignoriert sie völlig.)* Ja, das sehe ich, Emma, du hast dein Arbeitsblatt nicht dabei! – das kommt davon, wenn man sich für Eiscreme statt für Pinguine interessiert! *(wieder in die Richtung des Publikums, sie liest vom Blatt ab)* Pinguine sind Vögel, die nicht fliegen können! – Richtig, Rosanna, das gibt 10 Punkte für die Gruppe Zooschnüffler!

*Kira, Paula und Lucy kommen angerannt. Frau Meierkamp stöbert in den Arbeitsblättern.*

**Kira**
Frau Meierkamp, es ist etwas mit Antonia Krause passiert!

**Paula**
Sie wollte ein Selfie mit dem Sibirischen Tiger machen ...

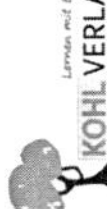

KOHL VERLAG 13 FRECHE SKETCHE Tolle Stücke ab 10 Jahren – Bestell-Nr. 12 156

**Lucy**
Dabei ist ihr nagelneues Handy in das Gehege vom Sibirischen Tiger geplumpst.

**Frau Meierkamp**
*(liest)* „Wenn der Pinguin ins Wasser plumpst, verwandelt er sich in einen erstklassigen Schwimmer." – Bravo, das gibt weitere 10 Punkte für die Zooschnüffler! – Murat, lass endlich das Hängebauchschwein in Ruhe!

**Paula**
Antonia hatte sich zu weit über das Gitter gebeugt, da ist ihr das Handy einfach so aus der Tasche geflutscht.

**Frau Meierkamp**
„Wenn der Pinguin ins Wasser flutscht, verwandelt er sich in einen eleganten Schwimmer!" – Prima, Viktoria, das sind satte 10 Punkte für die Gruppe Erdmännchen!

**Kira**
Antonia ist dann übers Gitter geklettert und in das Gehege vom Sibirischen Tiger gesprungen.

**Frau Meierkamp**
Kira, wie oft soll ich euch noch sagen, dass wir jetzt und hier nur über die Pinguine sprechen, wir behandeln die Pinguine!

**Maria**
Wenn sie der Tiger mit der Pranke erwischt, kommt für Antonia jede Behandlung zu spät, Frau Meierkamp!

**Lucy**
Los, Leute, wir sehen noch mal nach, wie's ihr geht! *(Sie rennen davon.)*

**Frau Meierkamp**
Kommen wir jetzt zur Gruppe Stinktiere. Ihr habt geschrieben: Das dichte Gefieder bietet den Pinguinen dauerhaften Schutz gegen die Kälte! Prima, Ludmila!

*Maria und Emma kommen wieder angerannt.*

**Maria**
Jetzt ist Antonia da hinten vollkommen schutzlos, Frau Meierkamp!

**Frau Meierkamp**
*(beachtet Paula nicht)* Pfoten weg vom Hängebauchschwein, Murat! Wer von euch weiß denn, was das Wort „Pinguin" bedeutet? – Richtig, Emily, es bedeutet „weißer Kopf"

**Emma**
Antonias Kopf glüht gerade so rot wie ein Feuermelder!

*Kira und Lucy kommen ebenfalls angerannt.*

## 5 Streichelzoo

**Frau Meierkamp**
Und noch einmal 10 Punkte für die Zooschnüffler, ihr schreibt *(liest ab)*: „Wenn sich ein Pinguin an Land besonders schnell bewegen will, rutscht er auf dem Bauch übers Eis."

**Kira**
Antonia hat sich auf den Bauch gelegt und robbt auf die schlafende Bestie zu!

**Frau Meierkamp**
Kinder, auf diese Weise kommt der Pinguin schnell voran, aber es sieht ein bisschen lustig und plump aus.

**Lucy**
Es sieht sehr gefährlich aus da hinten.

**Kira**
Antonia ist ganz nah am Sibirischen Tiger!

**Emma**
Bitte tun Sie doch etwas!

**Paula**
Sie müssen einen Alarm auslösen, Frau Meierkamp! *(Sie rennen wieder davon.)*

**Frau Meierkamp**
*(liest)* Die Antwort auf Frage 6: „Manchmal geht bei den friedlichen Pinguinen der Alarm los, denn der gefräßige Seeleopard lauert im flachen Wasser, um sie in einer mörderischen Verfolgungsjagd zu erhaschen."

*Maria kommt angerannt.*

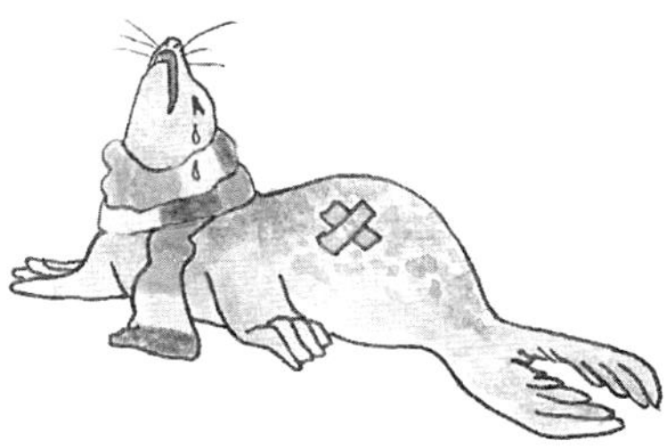

**Maria**
Der Tiger ist wach, der Tiger ist wach!

**Die anderen Kinder**
Nein!

**Maria**
Erst hat er gegähnt, dann hat er sich gestreckt und dann hat er sich geschüttelt! *(Man hört lautes Fauchen und Brummen.)*

**Frau Meierkamp**
Kommen wir zu Frage 7: Schlafen Pinguine im Liegen oder im Stehen? – Die richtige Antwort müsste lauten: „Sie schlafen im Stehen ein, kippen irgendwann vornüber und schlafen auf dem Bauch weiter."

**Kira**
Ich halt's nicht mehr aus, mir wird ganz übel! *(fällt in Ohnmacht, Emma kümmert sich um sie)*

**Frau Meierkamp**
Das kommt davon, wenn ihr euch die Bäuche an der Eismaschine vollschlagt!

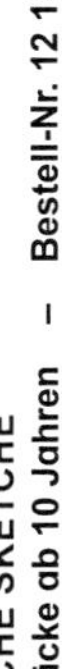

KOHL VERLAG 13 FRECHE SKETCHE Tolle Stücke ab 10 Jahren – Bestell-Nr. 12 156

**Paula**
*(kommt angelaufen)*
Antonia hat sich das Handy geschnappt und rast vor dem Tiger davon! – Ich konnte nicht mehr hinsehen!

**Frau Meierkamp**
Bingo, das sind 10 fette Punkte für die Zooschnüffler, die schreiben: „Pinguine können auf der Flucht eine Geschwindigkeit von 50 Stundenkilometern erreichen."

*Antonia schleppt sich zerzaust und erschöpft auf die Bühne.*

**Alle Kinder**
*(erstaunt)* Antonia!

**Antonia**
Hi Leute! – Hallo Frau Meierkamp, ich bin leider aufgehalten worden. – Deswegen! *(Sie winkt mit dem Handy wie mit einer Trophäe.)*

**Frau Meierkamp**
Na endlich, das wurde aber auch Zeit! – Was fuchtelst du denn da mit dem Handy herum? – Her damit!

**Antonia**
Aber Frau Meierkamp…

**Alle**
Bitte nicht einkassieren!

*Sie nimmt es ihr ab und hält es zur Warnung für die Kinder hoch.*

**Frau Meierkamp**
Da haben wir's! Ihr Kinder hantiert mit gefährlichen Sachen und habt überhaupt keine Ahnung, was euch mit so einem Handy alles passieren kann!

**Alle Kinder**
Oh doch, Frau Meierkamp…

**Frau Meierkamp**
Nein, das Leben ist kein Streichelzoo!

**Alle**
Das wissen wir, Frau Meierkamp!

**Frau Meierkamp**
Ich spreche von Strahlenbelastung, Elektrosmog, Datenklau und Cybermobbing – Dazu habe ich euch ein übersichtliches Arbeitsblatt angefertigt, bitte verteilt es, Kinder, beeilt euch! *(nimmt einen Stapel Blätter aus ihrer Tasche und gibt sie den Kindern)*

**Alle**
Nein!

**ENDE**

# 6 Sitzordnung

**<u>Die Personen</u>**

Evelyn
Cora
Lukas

Mitschülerinnen und Mitschüler:
Leo
Pauline
Thomas
Murat
Emma
Johannes
Benito

Leonie
Martha
Merle
Mario
Lisa
Rita
Miriam
Lea
Luise
Sieglinde

Mathematiklehrer:
Herr Kowalsky

*Evelyn, Cora und Lukas sprechen zum Publikum. Im Hintergrund befindet sich eine Schulklasse mit beliebiger Schülerzahl „eingefroren“, d.h. die Mitwirkenden bewegen sich nur, wenn Evelyn und Cora darauf hinwiesen.*

**Evelyn/Cora/Lukas**
*(freundlich zum Publikum)* Hallo!

**Evelyn**
Ich bin Evelyn.

**Cora**
Ich bin Cora.

**Lukas**
Und ich bin Lukas.

**Evelyn**
Das hier ist unsere Klasse. *( Alle sitzen freundlich und friedlich nebeneinander.)*

**Lukas**
Vor ein paar Wochen sah es bei uns noch so aus. *(Man streitet plötzlich lautstark und heftig miteinander, schubst und zerrt sich gegenseitig.)*

**Cora**
Immer Ärger mit den Sitznachbarn, Streit und sogar Prügeleien waren an der Tagesordnung.

**Evelyn**
Früher saß Leo noch neben Pauline.

*Die angesprochenen Personen giften einander an.*

**Leo**
Dumme Zimtzicke!

**Pauline**
Versager!

**Cora**
Das ging gar nicht!

**Evelyn**
Damals saß Thomas neben Murat.

**Thomas**
Du mieser Verräter!

**Murat**
Trottel!

**Evelyn**
Das war eine Katastrophe!

**Lukas**
Wir haben uns gedacht: So kann es nicht weitergehen.

**Cora**
Wie wär's mit einer Partnerbörse im Klassenraum!

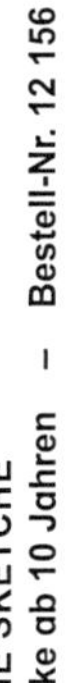

# 6 Sitzordnung

**Alle**
*(begeistert)* Partnerbörse im Klassenraum!

**Evelyn**
Moderne Psychologie statt Chaos!

**Lukas**
Dazu haben wir diesen Fragebogen entwickelt! *(hält einen Fragebogen hoch)*

**Evelyn**
*(zur Klasse)* Bis gestern habt ihr euch gehasst.

**Cora/Lukas**
*(zur Klasse)* Jetzt wissen wir, wer zu euch passt!

*Sie wenden sich jeweils an zwei Mitschülerinnen und Mitschüler, die nebeneinander sitzen. Die angesprochenen Personen stehen bei ihren Antworten auf.*

**Evelyn**
Emma und Johannes, nennt mir eure Lieblingstiere!

**Emma/Johannes**
Nacktmulle

**Lukas**
Benito und Leonie, welche Eissorte bevorzugt ihr?

**Benito/Leonie**
Joghurt-Maracuja

**Evelyn**
Martha und Merle, wo entsorgt ihr eure Kaugummis?

**Martha/Merle**
Unterm Stuhl natürlich!

**Lukas**
Mario und Lisa, welchen Schlafanzug tragt ihr am liebsten?

**Mario/Lisa**
Den gelben mit den rosa Punkten!

**Cora**
Rita und Miriam, wie lautet euer Lieblingsschimpfwort?

**Rita/Miriam**
Affenarsch!

**Evelyn**
Auf diese Weise sind in unserer Klasse Sitzpartnerschaften fürs Leben entstanden!

**Emma**
Ich hätte vorher nie gedacht, dass ich mich neben Johannes wohlfühle.

**Johannes**
Seitdem ich weiß, dass sie auch für Nacktmulle schwärmt, möchte ich nie mehr von ihrer Seite gehen!

**Lea**
Ich verstehe mich mit Luise, weil wir beide keine Aprikosenmarmelade mögen.

**Luise**
Igitt!

**Sieglinde**
*(steht auf, ist sehr wütend)* Und was ist mit mir? Soll ich etwa auf der Fensterbank sitzen, ihr Dummköpfe!

**Cora**
Tja, Sieglinde…

**Evelyn**
Es gibt da ein kleines Problem.

**Sieglinde**
*(wütend, laut, erregt)* Gebt es zu, ihr stinkigen Mistzicken! Ihr habt keinen von diesen 30 verdammten Versagern gefunden, der zu meinem besonderen Temperament, zu meiner Hochbegabung und zu meinem Aussehen passt.

**Cora**
Hab' einen Moment Geduld, Sieglinde, der Partner mit deinen Merkmalen müsste jeden Moment zur Tür herein kommen...

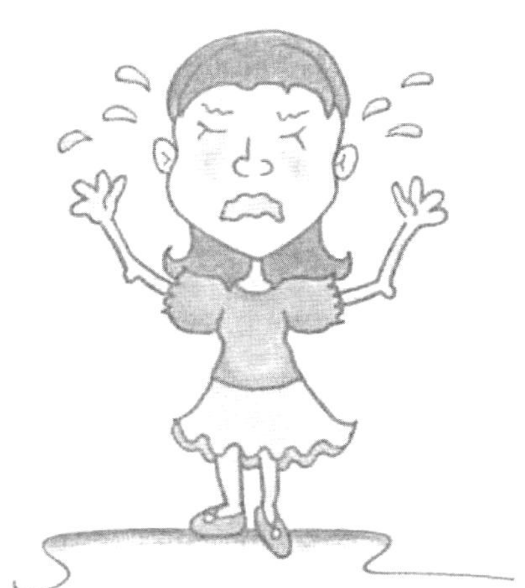

**Herr Kowalsky**
*(sehr streng)* Ruhe im Klassenraum! Nichts in der Birne, aber dumme Sprüche klopfen! – Das sieht euch Versagern ähnlich! Hinsetzen, keine Fragen stellen, Mathebücher auf den Tisch, Hefte raus.
*(Die Klasse nimmt eingeschüchtert Platz. Sieglinde meldet sich.)*
Ja, liebe Sieglinde, was möchtest du sagen?

**Sieglinde**
Ich mag Sie, Herr Kowalsky! *(Sie holt ihren Stuhl heran und setzt sich neben ihn.)* Darf ich ab heute neben Ihnen am Pult Platz nehmen?

**Herr Kowalsky**
*(betont freundlich)* Gerne, Sieglinde!

**Sieglinde/Herr Kowalsky**
*(plötzlich böse und laut)* Klappe halten, da hinten!

**Evelyn/Cora/Lukas**
*(lächelnd zum Publikum)* Na bitte, geht doch!

## ENDE

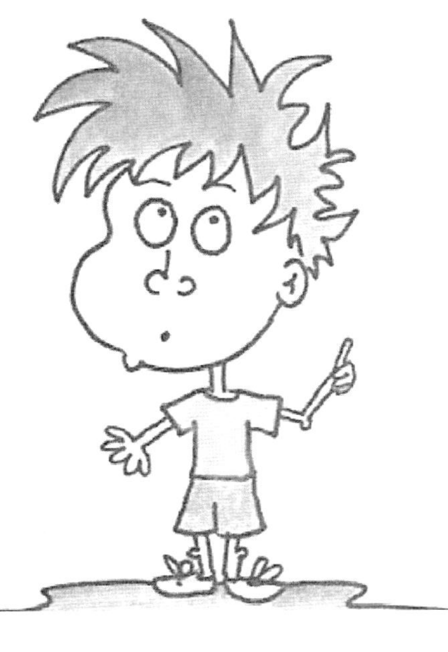

# 7 Acht Bücher

**Die Personen**

Luna
Lisa-Marie

Eine Mitarbeiterin:
Frau Weber

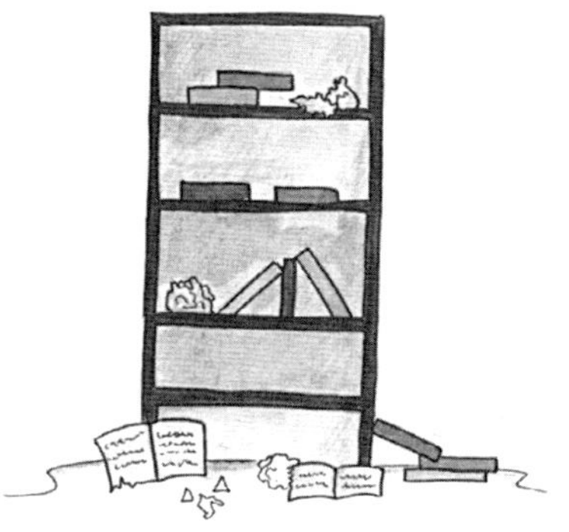

Zwei lesende Mädchen:
Bella
Alicia

Ein mürrischer älterer Herr:
Herr Kramme

*In der Stadtbücherei. Im Hintergrund ein Bücherregal, ein älterer Herr liest, ein Mädchen (Bella) hockt auf dem Boden und liest, ein anderes Mädchen (Alicia) gibt Bücher zurück. Vorn ein Tisch mit einem Computer/Monitor. Lisa-Marie trägt einen Bücherstapel auf dem Arm, Luna hat nur ein Buch dabei. Frau Weber sitzt hinter dem Tisch.*

**Lisa-Marie**
Hi Luna!

**Luna**
Hi Lisa-Marie!

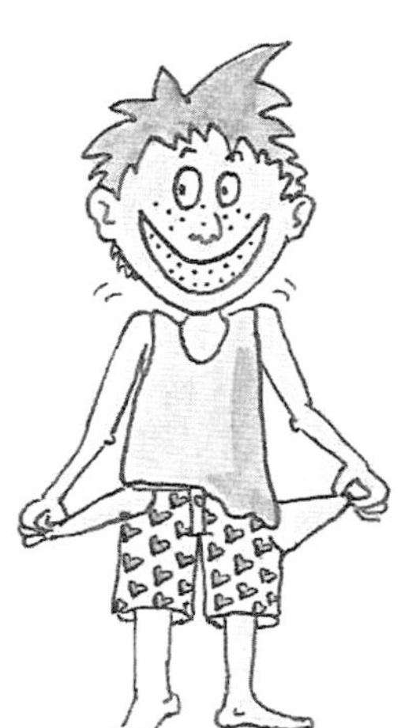

**Herr Kramme**
Ruhe, verdammt!

**Frau Weber**
Pst! – Leise bitte, in der Stadtbücherei wird nur geflüstert!

**Lisa-Marie/Luna**
Entschuldigung!

**Lisa-Marie**
Ich hab‘ dich gestern auf der Geburtstagsparty von Emily vermisst. Wo hast du dich denn herumgetrieben?

**Luna**
Tja, ich…hatte eine *(druckst herum)*.. eine wichtige Verabredung.

**Lisa-Marie**
Na sag‘ schon,  wie heißt deine Verabredung?

**Luna**
Ehrlich gesagt, ich hab mich mit Leon-Ludwig getroffen..

**Lisa-Marie**
Mit meinem Bruder?

# 7 Acht Bücher

**Herr Kramme**
*(böse)* Ruhe!

**Lisa-Marie**
Der Langeweiler kann das Wort „Mädchen“ doch nicht einmal buchstabieren.

**Frau Weber**
Leise bitte!

**Luna**
Tja, es hat sich nun mal so ergeben…

**Lisa-Marie**
Und mir hat er gesagt, er habe einen Termin beim Zahnarzt..

**Luna**
Na ja, bei uns ist es später auch zur Mundberührung gekommen…

**Lisa-Marie**
Sag bloß, ihr habt euch..

**Luna**
Geküsst, na und!

**Lisa-Marie**
So so.

**Luna**
Leon-Ludwig ist einfach süß. Er ist so ganz anders als andere Jungs…

**Lisa-Marie**
Findest du?

*Alicia hockt sich zu Bella auf den Boden, schnappt sich ebenfalls ein Buch.*

**Frau Weber**
Der Nächste, bitte!

*Lisa-Marie tritt an den Tresen heran.*

**Lisa-Marie**
Diese Bücher hier möchte ich gern zurückgeben.

*Frau Weber scannt ihre Bücher ein und blickt auf einen Monitor.*

**Frau Weber**
Da fehlen aber einige Titel! Die hast du bestimmt noch zu Hause.

**Lisa-Marie**
Ach ja, die hatte mein Bruder Leon-Ludwig ausgeliehen. Bestimmt wieder nur Horror und Fantasy.

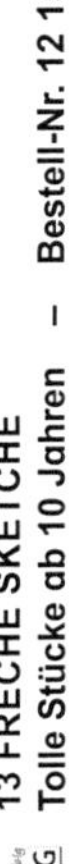

# 7 Acht Bücher

**Luna**
Tja, so sind sie, die Jungs…

**Bella/Alicia**
*(mischen sich ein)* Wir finden sowas auch krass!

**Herr Kramme**
Ruhe da!

**Lisa-Marie**
Sport ist nämlich nicht sein Ding. Er hockt lieber in seiner Bude und liest den halben Tag lang.

**Frau Weber**
So, verlängern geht nicht mehr, das hat dein Bruder bereits zweimal gemacht…dann sag ihm bitte, dass er noch die folgenden 8 Bücher abgeben muss..
*(blickt dabei angestrengt auf ihren Monitor)*

**Lisa-Marie**
Ich schreibe mir die Titel schnell auf. Dann kann Brüderchen sie suchen. Wenn Sie wüssten, was bei dem alles so unterm Bett liegt…

**Luna**
Sag bloß! – *(schwärmt)* Die Sache mit Leon-Ludwig hat damit angefangen, dass er mir vorige Woche einen supersüßen Brief geschrieben hat. – Stell dir vor, er hat ein lila Moosgummiherz reingelegt, selbst ausgedacht und selbst gebastelt…

**Bella/Alicia**
*(seufzen und kichern)* Wie romantisch!

**Frau Weber**
Also da wäre einmal der Band „Fette Liebesbriefe für Anfänger – Mit vielen farbigen Dekotipps aus Moosgummi“

**Lisa-Marie**
Ja, habe ich notiert…

**Luna**
*(begeistert)* Zum ersten Date hat sich Leon-Ludwig gestern mit mir in der Tiefgarage vom Kaufhaus getroffen. Romantisch, findest du nicht!

**Frau Weber**
Dann hat dein Bruder noch „Treffpunkt Tiefgarage – Außergewöhnliche Orte für erste Begegnungen“

**Lisa-Marie**
Ja, hab‘ ich auch notiert…

**Luna**
*(begeistert)* Stell dir vor, er hat mir einen Strauß duftender selbstgepflückter Blümchen aus der freien Natur mitgebracht.

# 7 Acht Bücher

**Frau Weber**
Dann wäre da noch „Bück dich, pflück mich! – Eindruck schinden mit krassem Wiesenkraut“

**Lisa-Marie**
Danke, hab‘ ich auch!

**Frau Weber**
Ups, jetzt ist mir der Rechner abgeschmiert..was machen wir denn da...

**Luna**
*(wieder begeistert)* Dann hat mir Leon-Ludwig ein paar irre Komplimente gemacht...

**Frau Weber**
Mh..Sagtest du gerade Komplimente?

**Luna**
Ja doch, er hat geredet und geredet. - Wieso?

**Frau Weber**
Komplimente, Komplimente...mh, dann hat er bestimmt noch die 3 Bände „Wie sag ich's- ihr“, Band I: „Wenn die Zicke sich ziert“, Band II: „Anmachsprüche ganz anders“

**Lisa-Marie**
Das habe ich heute Morgen auf seinem Schreibtisch gesehen...

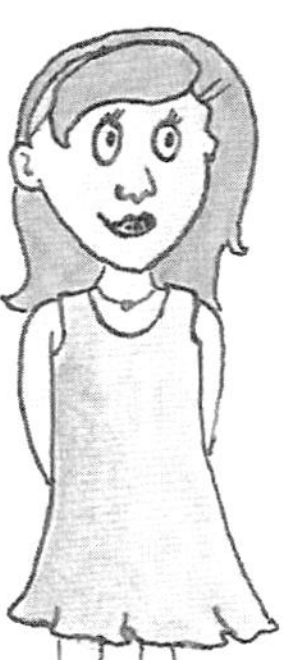

**Frau Weber**
...und Band III: „Dreiste Dialoge für Deppen und Dummschwätzer.“

**Lisa-Marie**
Ich schreib's auf.

**Luna**
Der Rest war einfach atemberaubend...

**Frau Weber**
Mh....atemberaubend - das klingt nach „Dauerbrenner für Erstküsser“ oder „Techniken der Mund-zu-Mund-Beatmung“

**Lisa-Marie**
Die hat er bestimmt im Schrank eingeschlossen...

**Frau Weber**
Dann fehlt nur noch ein einziger Titel, sag mal, Kleine, hat dir der junge Mann zum Abschied seine Handynummer gegeben?

**Luna**
Nein, Leon Ludwig wechselt gerade seinen Netzanbieter.

# 7 Acht Bücher

**Frau Weber**
Na bitte, da haben wir's: „Die Nummer mit dem Netzanbieter - Tausend Tricks zum Kurvekratzen.“

**Luna**
Oh weh!

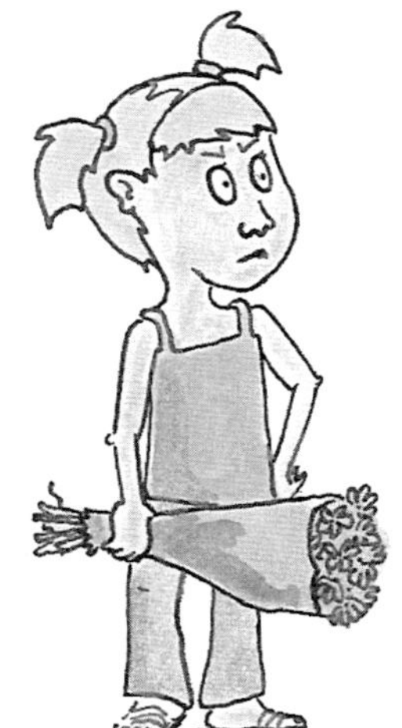

**Frau Weber**
Tja, Pech gehabt, Kleine!

**Lisa-Marie**
Danke! *(wendet sich ab)*

**Alicia/Bella**
Armes Mädchen!

**Herr Kramme**
*(böse)* Könnt ihr nicht einmal die Klappe halten!

*Luna scheint enttäuscht, seufzt. Sie wendet sich an die Mitarbeiterin.*

**Luna**
Jetzt brauche ich aber dringend ein gutes Buch zum Trösten

**Alicia/Bella**
*(halten ihr ein Buch hin)* Wie wär's mit dem hier?

**Bella**
*(liest den Titel)* „Vergiss den Vollpfosten! – Hundert Megatipps für krasse Mädchenpartys“

**Lisa-Marie**
*(betrachtet das Buch, gibt es an Luna weiter)* Das passt hundertpro zu deinem Beziehungsproblem!

**Luna**
Zeig mal – wow, das klingt genial!

**Frau Weber**
Viel Spaß beim Lesen! *(Die beiden Mädchen wenden sich ab.)*

**Lisa-Marie**
*(beim Hinausgehen, beide begeistert)* Zur Mädchenparty solltest du unbedingt Tina einladen, Melissa, Verena und Emily..

**Luna**
...und Bella und Frieda und Mona-Constanze...

**Bella/Alicia**
Und wir kommen auch!

**ENDE**

# 8 Klassenschrank

**Die Personen**

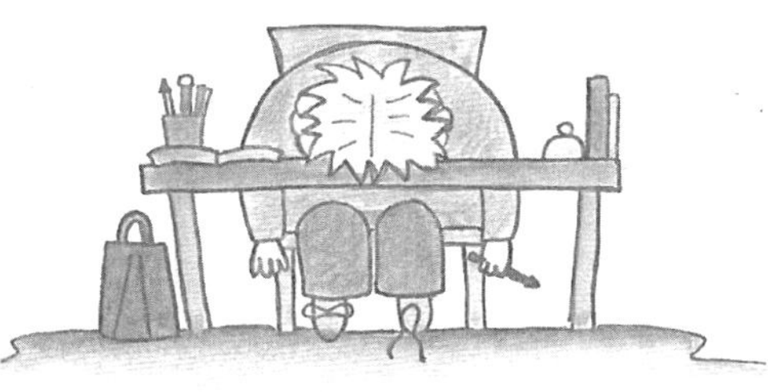

Kinder:
Tina
Lisa
Paula
Marie
Emily

Ein Lehrer:
Herr Kante

Stimmen:
Frau Bredebusch
Herr Wiedemann
Lehrerinnen und Lehrer

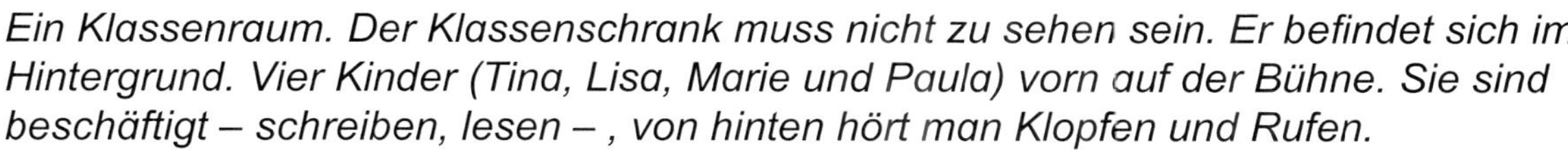

*Ein Klassenraum. Der Klassenschrank muss nicht zu sehen sein. Er befindet sich im Hintergrund. Vier Kinder (Tina, Lisa, Marie und Paula) vorn auf der Bühne. Sie sind beschäftigt – schreiben, lesen – , von hinten hört man Klopfen und Rufen.*

**Frau Bredebusch**
*(ist nicht zu sehen, ruft von hinten)* Lasst mich hier raus, bitte, Kinder, lasst mich hier raus!

**Tina**
*(dreht sich um)* Ruhe da hinten!

**Lisa**
Ruhe im Klassenschrank!

**Marie**
Frau Bredebusch kann sich einfach nicht damit abfinden....

**Herr Wiedemann**
*(verzweifelt, von hinten)* Ich kriege keine Luft mehr, lasst mich raus, bitte!

**Paula**
Herr Wiedemann übertreibt mal wieder...

**Lisa**
Zum Glück schweigen die anderen inzwischen. Hoffen wir, dass sich niemand befreien kann..

**Marie**
Keine Angst, Lisa – *(zeigt ihr den Schlüssel)* ich habe gut abgeschlossen!

**Paula**
Wie viele sind es denn?

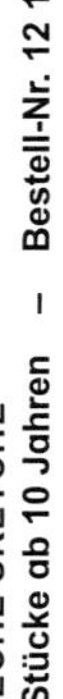


KOHL VERLAG

# 8 Klassenschrank

**Tina**
Herr Franke, die Referendarin Lohmeier, Frau Müller-Pohlmann und Frau Bredebusch, Herr Wiedemann – fünf!

**Emily**
*(kommt aufgeregt dazu)* Hey Leute, das ist jetzt nicht wahr... Ihr habt drei Lehrerinnen und zwei Lehrer in euren Klassenschrank gesperrt.

**Lisa**
Na und, eigene Schuld...

**Emily**
Ich glaub's einfach nicht...

**Marie**
Unsere Lehrer haben sich diesen ungewöhnlichen Aufenthaltsort selbst eingebrockt...

**Tina**
Wir mussten es tun – es war einfach nicht mehr auszuhalten...

**Emily**
Verstehe, zu streng, knallharte Typen, oder?

**Tina**
Eher umgekehrt. Da hinten im Klassenschrank befinden sich vier Weicheier...

**Marie**
Vier Kuscheltypen, die sich bei uns in der Klasse überhaupt nicht durchsetzen können...

**Lisa**
Sozusagen: pädagogische Schattenparker. Hundert Prozent Verständnis – null Prozent Disziplin!

**Paula**
Als Kevin neulich den Mülleimer in Brand gesteckt hat, hat ihn Frau Bredebusch zur Schultherapeutin geschickt...

**Lisa**
Als Leon-Ludwig letzte Woche das Klassenbuch aus dem Fenster geworfen hat, hat ihm Herr Kämper, unser superfreundlicher Physiklehrer, einen Kurzvortrag über flugfähige Gegenstände gehalten ... und anschließend das Physikbuch hinterher geschleudert...

**Alle**
*(energisch)* Unmöglich! *(Stimmen und Gepolter aus dem Schrank: Lasst uns raus! Macht die Tür auf, Kinder!)*

**Paula**
Gleich müsste unser neuer Deutschlehrer kommen. Ein gewisser Herr Kante.

# 8 Klassenschrank

**Lisa**
Soll ein ziemlich harter Brocken sein…

**Paula**
*(voller Vorfreude)* Der wird uns endlich die Kante zeigen…

**Lisa**
Angeblich ist er ganz anders als das weiche Pack da hinten im Schrank..

*Stimmen und Gepolter aus dem Schrank: Lasst uns raus, bitte! Aufmachen, macht die Tür auf, Kinder!*

**Tina**
Herr Brutus Kante, – das klingt nach Teacher-Terminator, ein Kraftpaket..

**Lisa**
Ein Durchgreifer. So einer fackelt nicht lange..

**Lisa**
Der kann für Ordnung sorgen…

*Herr Kante betritt den Raum. Kleidung und Auftreten verraten bereits seinen weichen und nachgiebigen Charakter.*

**Herr Kante**
Hallöchen, Leute, da bin ich, Brutus Amadeus Kante!

**Alle**
Hallo Herr Kante!

**Herr Kante**
Ihr könnt "du" zu mir sagen, meine Freunde nennen mich Bruti, – okeychen?

**Alle**
*(zögernd, unbeholfen)* Okeychen!

**Herr Kante**
Wie wär's denn mit 'nem lockeren Stuhlkreis, anschließend ein paar Kennenlernspiele zum Aufwärmen – Okeychen? – Zum Schluss gibt's 'ne saftige Pausenverlängerung für alle!

**Alle**
Marie!

**Lisa**
Hol bitte den Schlüssel raus und zeig Bruti ganz schnell…

**Alle**
…den Klassenschrank!

**ENDE**

# 9 Pausenbrot

**<u>Die Personen</u>**

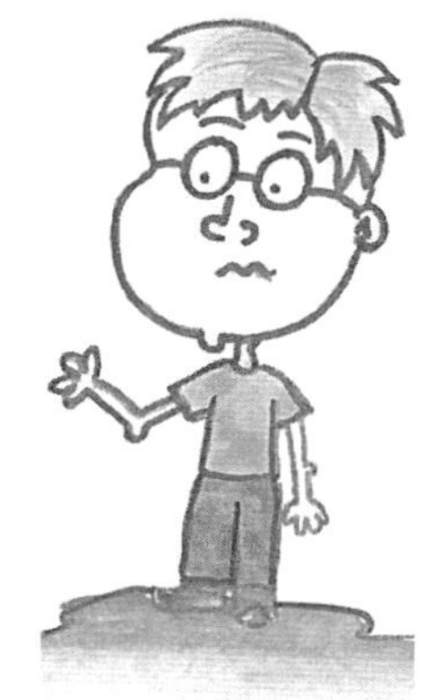

Frau Sander (Sekretärin)

Herr Steinbrecher (Vater von Amadeus)
Frau Steinbrecher (Mutter von Amadeus)

Enrico
Jason-Fabio
Hans-Hubert
Laura
Mia

*Frau Sander sitzt im Sekretariat der Schule hinter einem Schreibtisch. Jemand klopft an der Tür. Frau Steinbrecher tritt ein, gefolgt von ihrem Mann.*

**Frau Steinbrecher**
*(freundlich, vorsichtig)* Entschuldigung…

**Frau Sander**
Ja, bitte! Was kann ich für Sie tun?

**Herr Steinbrecher**
Wir sind die Eltern vom kleinen Amadeus. Amadeus Steinbrecher. Er geht neuerdings in die 6b.

**Frau Steinbrecher**
Wir sind vor vierzehn Tagen erst hierher umgezogen.

**Herr Steinbrecher**
Unser Sohn hat heute Morgen *(präsentiert die Dinge)* seinen Früchtetee und seine zwei Pausenbrote vergessen.

**Frau Steinbrecher**
Amadeus ist ein überaus zarter Junge. Wenn der seine Pausenbrote nicht rechtzeitig kriegt, wird er sofort ungenießbar.

**Herr Steinbrecher**
Bei der Geburt wog der kleine Racker gerade mal 1500 Gramm…

**Frau Steinbrecher**
Amadeus ist nämlich ein Frühchen..

**Frau Sander**
Und Sie möchten Ihrem Früchtchen – Ihrem Frühchen jetzt den Früchtetee bringen…

**Frau Steinbrecher**
*(erleichtert)* Genau! – Und die Pausenbrote. Er hält sonst nicht durch!

**Herr Steinbrecher**
*(stolz)* Meine Frau hat sie mit Spiegeleiern belegt.



KOHL VERLAG
13 FRECHE SKETCHE
Tolle Stücke ab 10 Jahren ■ Bestell-Nr. 12 156

# 9 Pausenbrot

**Frau Steinbrecher**
Amadeus liebt Spiegeleier auf dem Schulbrot. Aber nur die der Handelsklasse A, Größe XL!

**Herr Steinbrecher**
Sie backt sie immer von beiden Seiten und würzt sie anschließend mit einer Prise Schnittlauch.

**Frau Sander**
*(sucht scheinbar auf ihrem Bildschirm)* Moment, gleich haben wir ihn, Ihr Sohn geht also in die Handelsklasse A…

**Herr Steinbrecher**
*(korrigiert)* In die 6b – seine Eier sind Handelsklasse A

**Frau Sander**
*(blickt wieder auf ihren Bildschirm)* Dann schauen wir doch mal, wo sich die 6b zurzeit gerade befindet… *(Es klopft.)*

**Frau Sander**
Ja bitte! *(Hans-Hubert tritt ein. Er hat eine Kopfverletzung, fasst sich an den Kopf und klagt.)*

**Hans-Hubert**
Hallo, Frau Sander, ich brauche dringend ein Kühlpack für meine Beule!

**Frau Sander**
Das sieht aber gar nicht gut aus, Hans-Hubert! Wie ist es denn passiert?

**Hans-Hubert**
Ein Typ aus der Sechsten hat mich am Fahrradständer verprügelt…Ich wollte sein Schloss nicht knacken. Ich wollte es mir nur ansehen, da hat der Vollidiot einfach zugeschlagen…

**Frau Sander**
*(Sie greift unter den Schreibtisch und gibt dem Jungen ein Kühlpack.)* Da hilft wohl nur ein Kühlpack! Drück es fest auf die Beule und leg dich erst einmal ins Krankenzimmer.

**Hans-Hubert**
Danke, Frau Sander. *(Hans-Hubert geht ab.)*

**Herr Steinbrecher**
Wir schätzen an dieser Schule ganz besonders die gewaltfreie Umgebung.

**Frau Steinbrecher**
Hier ist alles so friedlich und so harmonisch…*(Von draußen hört man ein lautes „Aua“, dazu Streitgeräusche wie „Lass das!“, „Verschwinde!“ etc.)*

**Herr Steinbreecher**
Unser Junge ist immer sehr entspannt, wenn er mittags heimkommt…

KOHL VERLAG
13 FRECHE SKETCHE
Tolle Stücke ab 10 Jahren – Bestell-Nr. 12 156

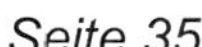

## 9 Pausenbrot

**Jason-Fabio**
*(kommt aufgeregt hereingestürmt)* Der Mülleimer brennt, die Flammen schlagen hoch bis zum Dach der Aula...

**Frau Sander**
Beruhige dich, Jason-Fabio! Erzähl es mir bitte der Reihe nach!

**Jason-Fabio**
Ich stand mit Emma, Lucy und Timo vor der Aula. Da hat so'n durchgeknallter Typ plötzlich 'nen Böller gezündet und den Mülleimer abgefackelt. Als ich ihn mir schnappen wollte, hat er mir einen Leberhaken verpasst...Es tut höllisch weh!

**Frau Sander**
Da hilft wohl nur ein Kühlpack. Drück es fest auf den Bauch und leg dich für eine Weile ins Krankenzimmer! *(Sie gibt ihm ein Kühlpack, er geht ab.)*

**Frau Steinbrecher**
*(erschüttert)* Der arme Junge...Ich habe Angst um unseren Sohn, Rolf-Reiner!

**Herr Steinbrecher**
*(ungeduldig)* Sagen Sie uns bitte ganz schnell, wo wir ihn finden! Er hält sonst nicht durch!

**Frau Sander**
Mh, 6b sagten Sie...und der Name...

**Herr Steinbrecher**
*(drängelt)* Amadeus, das haben wir Ihnen doch erklärt, Amadeus Steinbrecher. Seine Freunde nennen ihn Mozart.

**Frau Sander**
*(böse)* Werden Sie jetzt bitte nicht ungeduldig, Sie sehen ja, was hier heute Morgen los ist...

**Frau Steinbrecher**
Unser Junge trägt seinen Namen nach dem berühmten Komponisten aus dem 18. Jahrhundert.

**Herr Steinbrecher**
*(stolz)* Er hat unter anderem zwei Opern komponiert: Don Giovanni und die Zauberflöte.

**Frau Sander**
*(beeindruckt)* Dann ist ihr Junge also hochbegabt...

**Frau Steinbrecher**
Nein, nein, eher das Gegenteil – oder was meinst du, Rolf-Reiner?

**Herr Steinbrecher**
Wir sollten ihn demnächst noch einmal testen lassen. *(Es klopft wieder.)*



KOHL VERLAG 13 FRECHE SKETCHE Tolle Stücke ab 10 Jahren – Bestell-Nr. 12 156

# 9 Pausenbrot

**Frau Sander**
Ja bitte! *(Zwei Mädchen – Laura und Mia – kommen weinend herein.)*

**Mia/Laura**
Hallo Frau Sander!

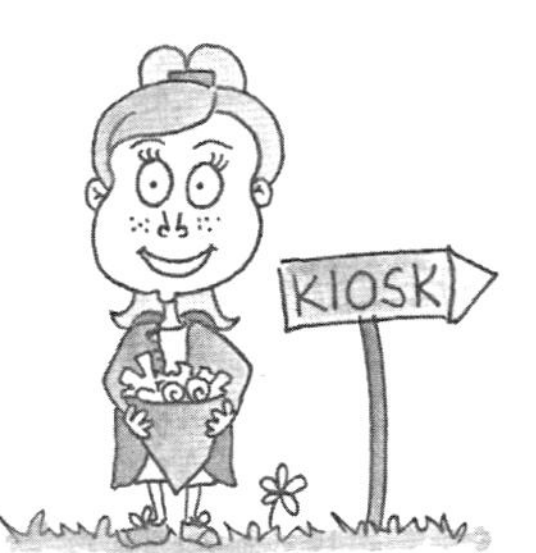


**Frau Sander**
Hallo! – Was kann ich denn für euch tun?

**Laura**
Irgend so ein kleiner Stinker hat uns am Kiosk bedroht.

**Mia**
Der dumme Typ wollte mir einen Burger und Laura eine gemischte Tüte abziehen.

**Laura**
Der verdammte Mistkerl!

**Mia**
Als wir's nicht rausgerückt haben, hat er uns erst an den Haaren gezogen...

**Laura**
...und dann mit den Köpfen aneinander geknallt.

**Mia**
Bei mir tut's höllisch weh!

**Laura**
Mir geht's schon besser!

**Frau Sander**
*(greift wieder unter den Schreibtisch, gibt Mia ein Kühlpack)* Da hilft wohl nur ein Kühlpack.

**Mia**
Danke!

**Frau Steinbrecher**
Drück es fest auf die Beule...

**Herr Steinbrecher**
... und leg dich für eine Weile ins Krankenzimmer! *(Mia geht ab.)*

**Laura**
Jetzt treibt sich der miese Kerl unten im Flur herum. Da herrscht ziemliche Panik. Die haben alle Schiss vor dem Schläger!

**Frau Sander**
Die Herrschaften hier suchen ihren Sohn, einen gewissen Don Giovanni aus der 6b – sie wollen ihm eine Zauberflöte mit Spiegeleiern bringen.

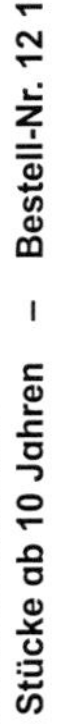


13 FRECHE SKETCHE – Bestell-Nr. 12 156
Tolle Stücke ab 10 Jahren

# 9 Pausenbrot

**Frau Steinbrecher**
Einen Früchtetee und seine Pausenbrote. Unser Junge hält sonst nicht durch!

**Frau Sander**
Lauf bitte in die 6b, Laura, und hol ihn hierher ins Sekretariat. Er heißt Amadeus Steinbrecher!

**Laura**
Geht klar, bis gleich! *(Es klopft wieder.)*

**Frau Sander**
Enrico, was gibt's denn?

**Enrico**
*(aufgeregt)* Sie haben ihn geschnappt! – Ich soll Ihnen sagen, Herr Direktor Brahms hat den Schlägertypen endlich einkassiert und in sein Dienstzimmer geschleppt. Seine Eltern können ihn da abholen.

**Frau Sander**
Wer ist es denn?

**Enrico**
So'n neuer Zwerg aus der Sechs mit 'nem komischen Namen…

**Herr und Frau Steinbrecher**
Nanu!

**Enrico**
Er heißt so wie ein *(stammelt)* äh…wie ein berühmter Musiker aus dem 18. Jahrhundert, der angeblich eine Oper komponiert hat… Ich komm jetzt nicht drauf,..*(Die Namen sollten je nach Aufführungsdatum aktualisiert werden.)* Justin Bieber, Crow oder Florian Silbereisen…oder…

**Frau Sander/ Frau Steinbrecher**
*(erschrocken)* Amadeus?

**Enrico**
Ja, kann auch sein…Ich muss jetzt zu Bio! *(geht ab)*

**Herr Steinbrecher**
*(schockiert)* Unser Junge…ein Schläger…*(macht sich über die Pausenbrote her)*

**Frau Steinbrecher**
*(schockiert)* Ein Mädchenschreck…und Brandstifter…Aber was machst du denn da mit den Butterbroten, Rolf-Reiner?

**Herr Steinbrecher**
*(Er beißt ab.)* So ein Raufbold hat keine Spiegeleier verdient! – Den werde ich mir kaufen!

*Frau Steinbrecher sinkt offenbar bewusstlos auf einen Stuhl.*

# 9 Pausenbrot

**Frau Sander**
Sie ist ohnmächtig!

**Herr Steinbrecher**
*(hilflos)* Tun Sie doch etwas, geben Sie ihr ein Kühlpack, sie hält sonst nicht durch!

**Frau Sander**
*(sieht im Schreibtisch nach)* Ups – jetzt habe ich leider keins mehr! *(Laura kommt aufgeregt.)*

**Laura**
Hallo, ich war gerade in der 6b und soll Ihnen sagen, dass Ihr Sohn jetzt nicht kommen kann.

**Frau Sander**
Wir wissen es bereits, Laura! Herr Direktor Brahms verhört ihn gerade.

**Herr Steinbrecher**
Das will ich sehen! *(legt das Pausenbrot auf den Schreibtisch, will hinaus stürmen)*

**Laura**
*(hält ihn zurück)* Warten Sie doch! Ihr Sohn ist völlig unschuldig!

**Herr Steinbrecher**
Unschuldig?

**Laura**
Mozart war's nicht, es war Beethoven!

**Herr Steinbrecher/ Frau Sander**
*(blicken sich an)* Beethoven?

**Laura**
Benedikt Beethoven. So heißt der brutale Typ, den Direktor Brahms gerade einkassiert hat. Ihr Sohn hat ihm dabei geholfen.

**Herr Steinbrecher**
Und wo ist mein Sohn?

**Laura**
Amadeus hat Beethoven in die 6b gelockt und sich dann im Klassenschrank vor ihm versteckt. Jetzt kriegt er die Tür nicht mehr auf...

**Herr Steinbrecher**
Der arme Junge!

**Laura**
Keine Angst, Helene Fischer aus der 5a tröstet ihren Mozart mit der kleinen Nachtmusik auf der Blockflöte, während Elvis versucht, den Schrank von hinten mit Vorschlaghammer und Stichsäge zu knacken.



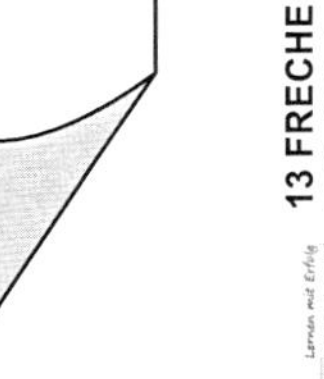

# 9 Pausenbrot

**Herr Steinbrecher**
Wer ist Elvis?

**Frau Sander**
Unser Hausmeister!

**Frau Steinbrecher**
*(wacht plötzlich auf, schwärmt )* Elvis Presley? – Der hat so eine schöne Stimme…

**Frau Sander**
Elvis Kowalsky, Frau Steinbrecher…

**Herr Steinbrecher**
*(beugt sich über sie)* Sie ist wach, Gott sei Dank! Hörst du mich, Mathilde?

**Frau Steinbrecher**
*(immer noch verwirrt)* Bist du es, Beethoven?

**Herr Steinbrecher**
Ich bin es, Rolf-Reiner! - Wir müssen Amadeus aus dem Klassenschrank befreien, Helene Fischer flötet, während ihn der Hausmeister von hinten aufsägt!

**Frau Steinbrecher**
*(erschrocken)* Wie schrecklich!

**Laura**
Ihr Sohn muss fürchterliche Angst haben, jedenfalls tobt er da im Schrank wie ein Wilder.

**Frau Steinbrecher**
Der arme Junge

**Laura**
Mozart kommt sich wie der Held der Schule vor und verlangt seine Belohnung…

**Herr Steinbrecher**
Seine Belohnung?

**Laura**
Er schreit wie am Spieß: „Ich will meine Siegesfeier, ich will meine Siegesfeier..“ Kein Ahnung, was er damit meint…

**Frau Steinbrecher**
Komm  schnell, Rolf-Reiner, wir müssen ihn retten…

**Frau Sander**
Du hast dich verhört, Laura, Amadeus verlangt keine Siegesfeier, Amadeus will…

**Frau Sander, Herr und Frau Steinbrecher**
Seine Spiegeleier!

**ENDE**

# 10 Happy Birthday

**Die Personen**

Die Gäste:
Tina
Emma
Marie
Pauline
Alena

Das Geburtstagskind:
Olivia

*Eine Mädchengruppe blickt vom Bühnenrand eher gelangweilt ins Publikum. Die Mädchen haben Geburtstagsgeschenke dabei. Sie befinden sich an der Haustür von Olivia. Sie drängeln sich nebeneinander, Alena drückt auf den Klingelknopf….*

**Emma**
*(träge)* Lass mich mal!

**Alle**
*(rufen)* Olivia! – Mach auf!

**Tina**
*(kommt dazu)* Hallo Mädels…

**Alle**
Hallo Tina!

**Tina**
Habt ihr schon geklingelt?

**Marie**
*(enttäuscht)* Schon dreimal!

**Pauline**
Das Geburtstagskind macht einfach nicht auf…

**Alena**
Olivia wird 12 und ist nicht zu Hause…

**Alle**
*(rufen)* Olivia…

**Tina**
Bin ja mal gespannt, was hier heute abgeht…

**Marie**
*(klagt)* Vielleicht wieder so'n dummer Motto-Geburtstag wie neulich bei Emily Buck…

**Alle**
Wie öde!

**Tina**
Wie hieß denn das Motto?

**Alena**
Fluch der Karibik

**Tina**
Klingt doch cool!

**Marie**
War aber heiß, viel zu heiß…

**Emma**
Sie hatten das Wasser im Pool auf 29 Grad erhitzt und drei Kunststoffkarpfen als Killerhaie verkleidet.

**Alena**
Zwischen denen mussten wir nach echten Golddukaten tauchen…

**Alle**
Wie peinlich!

**Emma**
Beim Grillen hat sich Emilys Papa den angeklebten Piratenbart abgefackelt…

**Marie**
…danach hat sein Holzbein Feuer gefangen…

**Alle**
Wie uncool…

**Pauline**
Nächste Woche feiert Pia Heidebrecht.

**Tina**
Was geht da ab?

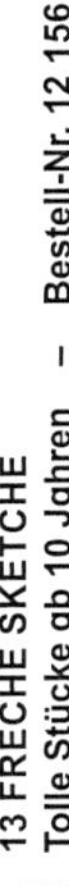

# 10 Happy Birthday

**Alena**
Erst Hochseilgarten, dann Chrashkurs auf der Gocart Bahn...

**Alle**
Schon wieder...

**Pauline**
...und später ins Kino: Schneewittchen in 3D.

**Alena**
Danach bringen sie uns mit dem Helikopter nach Hause.

**Alle**
Wie öde!

**Tina**
Jason-Fabio feiert in vierzehn Tagen seinen 11.

**Emma**
Weiß jemand, was der vorhat?

**Pauline**
Sein Papa hat auch 'nen Heli bestellt.

**Alle**
Nein!

**Pauline**
Erst Rundflüge, danach Tandemsprünge mit Ziellandung auf Brömmelmeiers Terrasse...

**Alle**
Wie einfallslos..

**Marie**
Abends werden wir mit 'ner Stretchlimousine nach Hause gebracht...

**Alle**
Wie peinlich!

**Alena**
Ich hasse Geburtstagsparties...

**Emma**
Kennste eine, kennste alle...

**Marie**
Los, Leute, wir rufen noch mal!

**Alle**
*(rufen)* Olivia!

**Olivia**
*(erscheint plötzlich von hinten, hat eine Gartenkarre mit Gartenwerkzeug dabei)* Hallo Mädels!

**Alle**
*(drehen sich überrascht um)* Hi Olivia!

**Olivia**
Die Party kann losgehen, ich hab hier was für euch...

**Emma**
Was soll das denn?

**Tina**
*(müde)* Lass mich raten, Mottoparty „Sandburgen bauen auf den Seychellen"!

**Olivia**
Eiskalt, Leute – Schnappt euch die Spaten hier!

**Alena**
Archäologische Ausgrabungen in Troja?

**Emma**
Spargel stechen in Oppenwehe?

**Olivia**
Eiskalt, Mädels!

**Alena**
Hey, hört mal, da brummt was!

**Emma**
*(enttäuscht)* Der nächste Helikopter für uns!

**Olivia**
Unsinn, das ist Papas Rasenmäher!

**Alle**
Was hast du vor?



KOHL VERLAG 13 FRECHE SKETCHE Tolle Stücke ab 10 Jahren – Bestell-Nr. 12 156

**Olivia**
Unkraut jäten und Beete umgraben im Garten.

**Alle**
Genial!

**Olivia**
Mama und Papa brauchen dringend Verstärkung!

**Pauline**
Wow – endlich mal 'ne coole Geburtstagsparty!

**Olivia**
Seid ihr dabei?

**Alle**
Wir sind dabei!

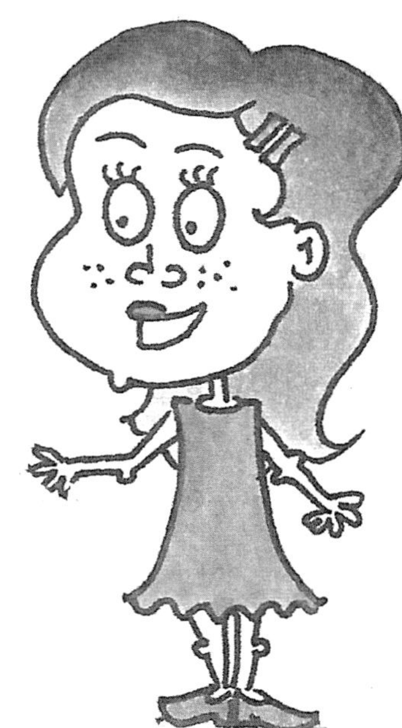

**ENDE**

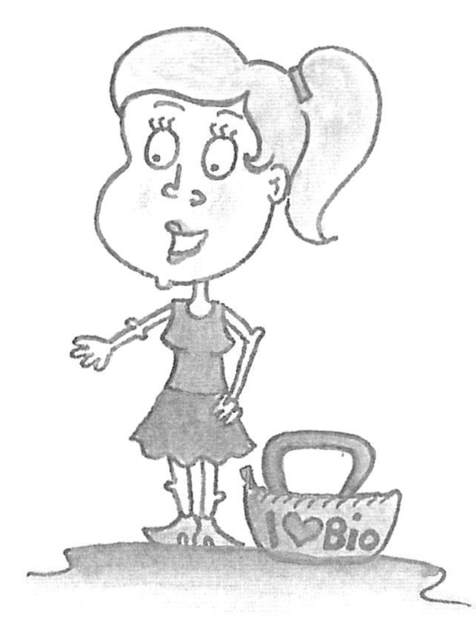

# 11 Friedenspfeife

**<u>Die Personen</u>**

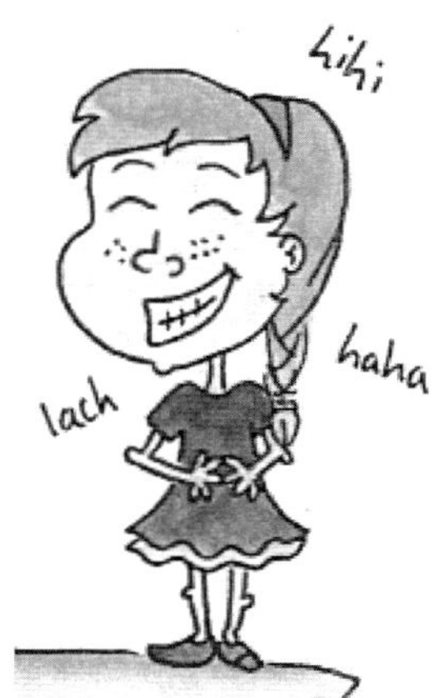


Zwei Verkäuferinnen:
Frau Gruber
Frau Dinkel

Die Kinder:
Tom
Pia
Celine

Eine Lehrerin:
Frau Kramer

*Ein Ladenschild mit der Aufschrift „Schabernack und Killefitz" ist zu sehen. Links und rechts auf der Bühne befindet sich jeweils ein Verkaufstisch oder Tresen schräg zum Publikum, sodass die Kunden an den beiden Tischen mit den Rücken zueinanderstehen.*
*Eine Verkäuferin bedient links – Frau Gruber – eine andere auf der rechten Seite – Frau Dinkel - 3 Kinder betreten das Geschäft.*

**Frau Gruber**
Hallo Kinder, herzlich willkommen bei „Schabernack und Killefitz", dem Spezialgeschäft für Schulstreiche und Chaos im Klassenzimmer.

**Tom/Pia/Celine**
Hallo!

**Frau Gruber**
Was kann ich für euch tun?

**Celine**
*(druckst herum)* Wir bekommen morgen eine neue Lehrerin.

**Pia**
Sie war bisher noch nicht an unserer Schule.

**Tom**
*(zaghaft)* Und die möchten wir ein bisschen...

**Celine**
Sozusagen austesten.

**Frau Gruber**
Ich verstehe, ihr wollt sie hochnehmen, wollt ihr zeigen, wo der Frosch die Locken hat!

**Alle**
So ungefähr!

KOHL VERLAG
13 FRECHE SKETCHE
Tolle Stücke ab 10 Jahren – Bestell-Nr. 12 156

# 11 Friedenspfeife

**Pia**
Wir möchten herausfinden, wie sie so drauf ist...

**Tom**
...ob sie Humor hat...

**Celine**
...ob sie Spaß versteht.

**Frau Gruber**
Kein Problem, Kinder, da habe ich etwas für euch: Wie wäre es mit dem Furzkissen „Starker Kracher". Ein richtiger Schocker für die neue Lehrerin: Es kracht, wenn sie sich niederlässt, als ob sie einen fahren lässt!

**Celine/Pia/Tom**
Nicht schlecht...

**Frau Gruber**
Wartet mal, Kinder, ich hole euch den „Starken Kracher" aus dem Lager.

*Frau Kramer betritt den Laden. Sie nimmt vorerst keine Notiz von den Kindern. Die Kinder bemerken sie auch nicht. Die 2. Verkäuferin – Frau Dinkel – wendet sich an sie.*

**Frau Dinkel**
Hallo, was kann ich für Sie tun?

**Frau Kramer**
Hallo! – Ich bin Lehrerin und trete morgen meine erste Stelle an der Eulenspiegel-Schule an...

**Frau Dinkel**
Ah ja!

**Frau Kramer**
Da möchte ich mich ein bisschen vorbereiten.

**Frau Dinkel**
Da wollen Sie den Kids zeigen, wo der Frosch die Locken hat!

**Frau Kramer**
Man weiß ja nie, was die Kinder so im Schilde führen. *(blickt zu den Kindern)*

**Frau Dinkel**
Tja – Da könnte ich Ihnen erst einmal unser Abwehrset „Sorglos hinsetzen!", auch bekannt als „Furzkissenkiller" empfehlen: „Keine Chance dem dummen Kracher – Dir gehört der letzte Lacher!"

*Sie legt von nun an die beschriebenen Gegenstände jeweils auf den Ladentisch und zeigt sie der Kundin.*

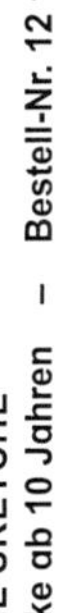


13 FRECHE SKETCHE – Bestell-Nr. 12 156
Tolle Stücke ab 10 Jahren

# 11 Friedenspfeife

**Frau Kramer**
Das sieht gut aus. Das nehme ich schon mal!

**Frau Dinkel**
Gern!

**Frau Gruber**
*(Sie hat den Kindern inzwischen das Furzkissen gezeigt. Es scheint, als würden sich die beiden Verkäuferinnen – zumindest mit Blicken – verständigen.)* Und ihr, Kinder, was darf es sonst noch sein?

**Tom**
Wir brauchen etwas Außergewöhnliches!

**Frau Gruber**
Wie wäre es mit dem  Stinkbombenset „Mief im Klassenraum“

**Pia**
Wow, das klingt  ja total krass!

**Frau Dinkel**
Ihnen würde ich das hier empfehlen: „Mief im Mülleimer - Stinkbomben blitzschnell entsorgen“.

**Frau Kramer**
Oh ja, das sieht gut aus!

*Das Tempo wird nun erhöht: Bei den Verkaufsgesprächen geht es „Schlag auf Schlag“.*

**Frau Gruber**
Für euch hätte ich das Juckpulverset „Rückenseuche Kratzefix“ im XXL-Eimer! *(stellt einen Eimer auf den Tisch)*

**Pia/Rom/Celine**
*(kratzen sich dabei)* Wow, starkes Teil!

**Frau Dinkel**
Für Sie hätte ich die Hautcreme „Keine Chance dem Juckpulver“ – Sie sollten es schon im Lehrerzimmer auftragen und leicht einmassieren, dann kann nichts schiefgehen!

**Frau Kramer**
Danke, die nehme ich!

**Frau Gruber**
Zurzeit ist das hier total angesagt: Unsere Elektrisierkreide „Schonungsloser Stromstoß“

**Tom**
*(greift danach)* Darf ich mal!

**Frau Gruber**
Finger weg, mein Junge! Wer das einmal anfasst, fasst es nie wieder an!



KOHL VERLAG 13 FRECHE SKETCHE

# 11 Friedenspfeife

**Celine**
Dann kaufen wir's!

**Frau Dinkel**
Ihnen rate ich dringend zu den Gummihandschuhen „Paukers Isolator" – bis 3000 Volt abgesichert.

**Frau Kramer**
Danke, die werde ich gut gebrauchen können!

**Frau Gruber**
Für euch habe ich hier die Tafelanschrieb-Löschkreide im 100er-Pack! Schreibt der Lehrer sein Geschwafel mit dieser Kreide an die Tafel, dauert's zehn Sekunden lang – dann ist sie wieder blitzeblank!

**Kinder**
Genial!

**Frau Dinkel**
Wir sollten zu härteren Maßnahmen greifen: Ich empfehle Ihnen das Fixierset „Stille Klasse", bestehend aus 33 Handschellen, dazu Fußfesseln und Knebel.

**Frau Kramer**
Nanu, das klingt aber ein bisschen brutal…

**Frau Dinkel**
Ist es auch, hilft aber garantiert!

**Frau Gruber**
Euch empfehle ich die Nebelmaschine: „Dicke Luft" – in der Outdoor-Version. Damit könnt ihr das ganze Schulgebäude samt Schulhof benebeln.

**Frau Dinkel**
Für Sie hätte ich die Atemschutzmaske „Klare Bude"

**Frau Kramer**
Dankeschön, ich glaube, das wär's dann.

**Frau Dinkel**
Wie Sie wünschen…

**Frau Kramer**
*(lauter)* Bitte liefern Sie mir all die schönen Sachen an die „Eulenspiegel-Schule"!

**Frau Dinkel**
Eulenspiegel-Schule, ja, gern!

**Pia/Celine/Tom**
*(drehen sich zur Lehrerin um)* Eulenspiegel-Schule?

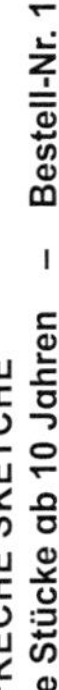
13 FRECHE SKETCHE Tolle Stücke ab 10 Jahren – Bestell-Nr. 12 156
KOHL VERLAG

# 11 Friedenspfeife

**Frau Kramer**
Hallo, geht ihr etwa auch dahin?

**Pia**
*(stottert)* Ja, dann sind Sie unsere neue Lehrerin?

**Frau Kramer**
Ich bin Frau Kramer und übernehme ab morgen die …*(Bezeichnung einer Klasse)!*

**Tom/Celine/Pia**
*(zueinander)* Sie ist es!

**Frau Kramer**
Und was macht ihr in diesem verrückten Laden?

**Tom**
Äh..wir bereiten uns gewissermaßen auf den Unterricht vor.

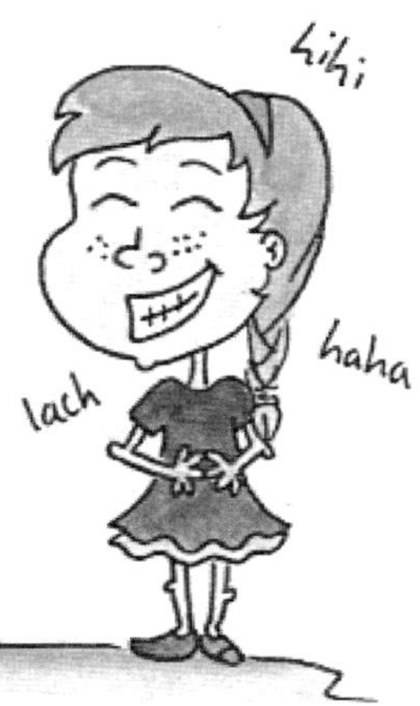


**Frau Kramer**
Das höre ich gern!

**Frau Gruber**
Das macht 79 Euro, 80 Cent, Kinder!

**Frau Dinkel**
Für Sie wären das 83,20!

**Pia/Tom/Celine**
Frau Kramer!

**Pia**
Wir sollten kurz mal etwas besprechen… *(Sie gehen zu Frau Kramer. Sie tuscheln miteinander, wenden sich dann gut gelaunt an die Verkäuferinnen.)*

**Frau Gruber**
Ja, aber, möchten Sie nicht endlich bezahlen?

**Celine**
Danke! – Wir haben's uns anders überlegt…

**Frau Gruber/ Frau Dinkel**
Anders überlegt?

**Tom**
Wir verzichten auf das da! Wir hätten gern…

**Frau Kramer und die Kinder**
*(freundlich, entspannt)* Eine Friedenspfeife aus dem Sonderangebot!

**ENDE**

## 12 Erstes Date

**Die Personen**

Herr Sandkröger (Schulleiter)
Frau Brinker (Sekretärin)

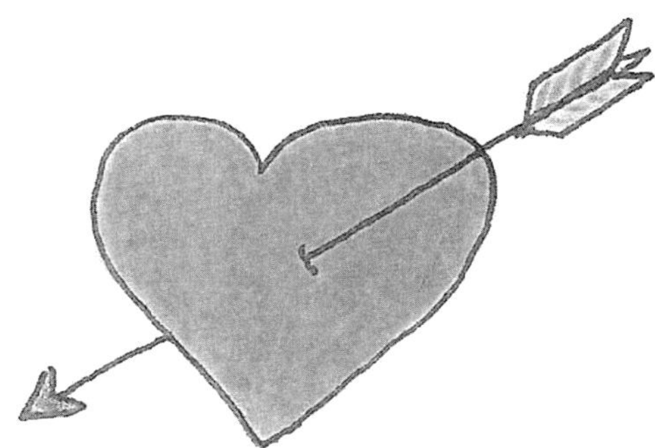

Schülerinnen:
Tina
Emma
Marie
Lea
Klara
Leonie
Simone
Luisa

*Auf der Bühne hat die Schulklasse bereits Platz genommen. Die Darstellerinnen sind still und bewegungslos. Vor der Bühne kommt es zu diesem Dialog: Frau Brinker, die Sekretärin der Schule, kommt aufgeregt auf den Schulleiter zu.*

**Frau Brinker**
Herr Direktor Sandkröger!

**Herr Sandkröger**
Ja, was gibt es denn, Frau Brinker?

**Frau Brinker**
Frau Fingerhut und Frau Hechelmann-Rose haben sich soeben krank gemeldet. Die beiden Mädchenklassen, 6a und die 6b, stehen jetzt plötzlich ohne Lehrerinnen da.

**Herr Sandkröger**
Mh – ich habe gerade eine Freistunde. Eine 6. Klasse könnte ich übernehmen. Worum geht es denn?

**Frau Brinker**
Beide Klassen haben gleich Biologie. Bei den Mädchen in der 6a behandelt Frau Fingerhut zurzeit das Thema „Mein erstes Date – Große Liebe mit 12“ – und in der 6b geht es um „Au Backe – Besuch beim Zahnarzt“. Die Klassen wissen Bescheid und haben sich auf die Stunden vorbereitet. Außerdem hat Frau Fingerhut gestern bereits Arbeitsblätter verteilt.

**Herr Sandkröger**
Dann werde ich mir mal das angenehmere Thema vornehmen und mit den jungen Leuten über das erste Date sprechen. Welche Klasse, sagten Sie?

**Frau Brinker**
Das wäre dann die 6a!

**Herr Sandkröger**
Danke, Frau Brinker! – Die andere Klasse, welche ist das, Frau Brinker?

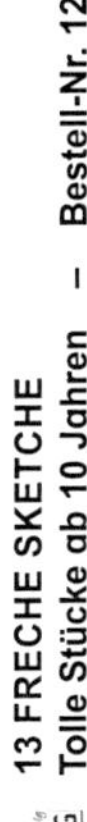

# 12 Erstes Date

**Frau Brinker**
Die 6b, Herr Direktor!

**Herr Sandkröger**
Die soll sich selbstständig mit den Arbeitsblättern beschäftigen. Schicken Sie Hausmeister Panowski zwischendurch mal rein!

**Frau Brinker**
Wie Sie wünschen, Herr Direktor Sandkröger! *(Sie will abgehen.)*

**Sandkröger**
Ach, was haben Sie denn da?

**Frau Brinker**
Nur ein paar Blümchen für Ihren Schreibtisch, Herr Direktor...

**Sandkröger**
Das ist sehr lieb von Ihnen – darf ich eine mitnehmen? *(schnappt sich eine Rose)*

**Frau Brinker**
Selbstverständlich, Herr Direktor...

**Sandkröger**
*(ruft hinterher, bekommt aber keine Antwort mehr)* Dann werde ich mich mal auf den Weg machen. Wie sagten Sie, heißt die Klasse...6c...nein...6d ...oder 6b..?

*Herr Direktor Sandkröger tritt vor die 6b.*

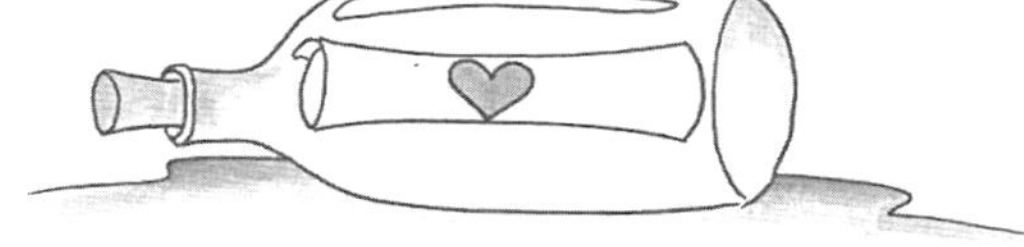

**Herr Sandkröger**
Guten Morgen, liebe Schülerinnen!

**Klasse**
Guten Morgen, Herr Sandkröger!

**Herr Sandkröger**
Eure Biolehrerin ist heute leider krank. Als Schulleiter freue ich mich, euch bei dieser Gelegenheit einmal kennenzulernen. Frau Brinker teilte mir mit, dass ihr euch auf das romantische und aufregende Thema der heutigen Stunde bereits gründlich vorbereitet habt.

**Tina**
*(gelangweilt)* Wir haben Arbeitsblätter bekommen, Herr Sandkröger!

**Marie**
Das wäre gar nicht nötig gewesen, denn wir wissen eigentlich schon alles, Herr Sandkröger.

**Herr Sandkröger**
Bei einer so wichtigen Angelegenheit lernt man nie aus. Darf ich einfach mal ganz frech fragen, wer von euch Mädchen so ein aufregendes, romantisches Date schon einmal selbst erlebt hat? *(Die gesamte Klasse meldet sich.)*

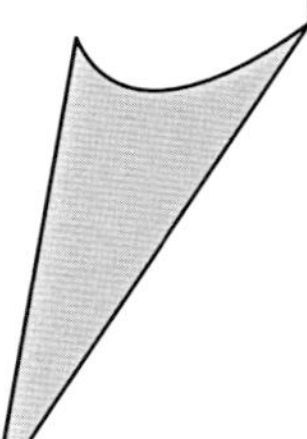

KOHL VERLAG 13 FRECHE SKETCHE Tolle Stücke ab 10 Jahren – Bestell-Nr. 12 156

# 12 Erstes Date

**Herr Sandkröger**
Nanu, ihr seid aber kleine Draufgängerinnen. Ich hätte nicht gedacht, dass die Jugend heutzutage bereits so früh mit solchen zärtlichen Begegnungen anfängt.

*Die folgenden Mädchen melden sich jeweils und werden aufgerufen.*

**Emma**
Ich bin schon im Kindergarten regelmäßig hingegangen.

**Lea**
Bei mir ging es los, als mir die ersten Milchzähne ausfielen.

**Klara**
Meine Oma hat ihn mit mir zwei Mal die Woche besucht, als ich noch im Laufstall hockte.

**Herr Sandkröger**
Deine Großmutter hat dich zwei Mal in der Woche zum Rendezvous begleitet?

**Klara**
Sag ich doch!

**Herr Sandkröger**
Du bist auf ihn zugegangen und er hat dir ein zärtliches Hallo zugeflüstert mit einer Rose wie dieser *(zeigt seine Rose)* in der liebevollen Hand…

**Lea**
Meiner trägt dabei Handschuhe und hat immer einen Bohrer in der Hand…

**Herr Sandkröger**
Wo hast du ihn getroffen? – Lass mich raten: Auf einer einsamen Parkbank im Mondschein?

**Leonie**
Meiner hat für solche Kontakte einen Behandlungsstuhl mit Neonlampe!

**Herr Sandkröger**
Das klingt ja ganz nach Vollprofi und Draufgänger!

**Simone**
Das können Sie wohl sagen! – Ich habe jedesmal Schiss, wenn ich hin muss.

**Alle Kinder**
Wir auch!

**Herr Sandkröger**
Die Angst – die Unsicherheit – das Herzklopfen – dafür müsst ihr euch nicht schämen, Kinder! Vor der ersten Begegnung spüren wir doch alle diese Unruhe. Aber sagt mir: Wer unternimmt heutzutage den ersten Schritt für so eine Verabredung – ihr oder er?

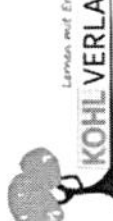

# 12 Erstes Date

**Emma**
Wir natürlich.

**Herr Sandkröger**
Ihr Mädchen schreibt also unter der Schulbank ein hübsches Briefchen, kritzelt Herzen darauf und irgendein kleiner Liebesbote drückt es ihm später in die Hand…

**Lea**
Ich wickle das lieber selbst am Telefon ab.

**Herr Sandkröger**
Da kriegt man bestimmt Pudding in den Beinen, wenn man die sanfte Stimme des geliebten Menschen am anderen Ende der Leitung hört.

**Luisa**
Ich höre meist seinen Anrufbeantworter oder seine Assistentin.

**Herr Sandkröger**
Soso – der junge Mann hat extra eine Assistentin – wozu denn das?

**Tina**
Ich bin nicht die Einzige, die einen Termin bei ihm haben möchte.

**Herr Sandkröger**
Dann hast du dir ja einen tollen Hecht ausgesucht. Sozusagen den Justin Bieber *(oder eine andere aktuelle Person)* der Szene.

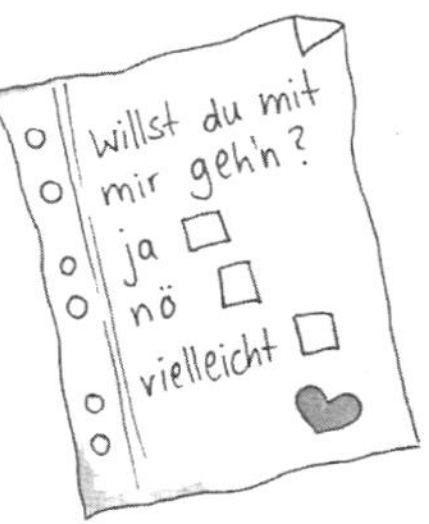


**Emma**
Leider gibt es bei uns im Dorf nur einen einzigen.

**Herr Sandkröger**
Mh – akuter Männermangel im ländlichen Bezirk.

**Marie**
Ich verbringe den halben Tag bei ihm im Wartezimmer, bis ich endlich drankomme.

**Herr Sandkröger**
Ein Wartezimmer – der Typ hat für seine Damenbesuche ein Wartezimmer eingerichtet?

**Lea**
Klar – bei meinem sitzt die ganze Bude rappelvoll. Da geht es streng der Reihe nach.

**Luisa**
Meiner nimmt sich immer erst die besonders dringenden Fälle vor.

**Herr Sandkröger**
Ich verstehe, die Damen mit Liebeskummer und Depression?

**Luisa**
Die Kinder mit dicken Backen und die Privatpatienten, denen er anschließend saftige Rechnungen schreibt.

# 12 Erstes Date

**Herr Sandkröger**
Der junge Herzensbrecher nimmt Geld für ein Rendezvous?

**Simone**
Bei mir bezahlt es die Krankenkasse!

**Herr Sandkröger**
Ihr kleinen Schlaumeier ahnt wohl schon, dass es dann irgendwann zu einer klitzekleinen Lippenberührung kommen könnte...

**Klara**
Bei mir hat's voriges Mal 'ne ganze Stunde gedauert – Ich hatte schon Maulsperre und kriegte nachher den Mund nicht mehr zu...

**Herr Sandkröger**
Ich verstehe, der sogenannte Dauerbrenner – zärtlich und doch leidenschaftlich!

**Lea**
Meiner trägt dabei immer einen Mundschutz....

**Luisa**
Am schlimmsten finde ich seinen dummen Speichelsauger...

**Herr Sandkröger**
Wie bitte – ein Vampir? – Aber Kinder, wie redet ihr denn von eurem Traumboy?

**Leonie**
Wir sprechen von unserem Zahnarzt, Herr Sandkröger!

**Herr Sandkröger**
Zahnarzt?

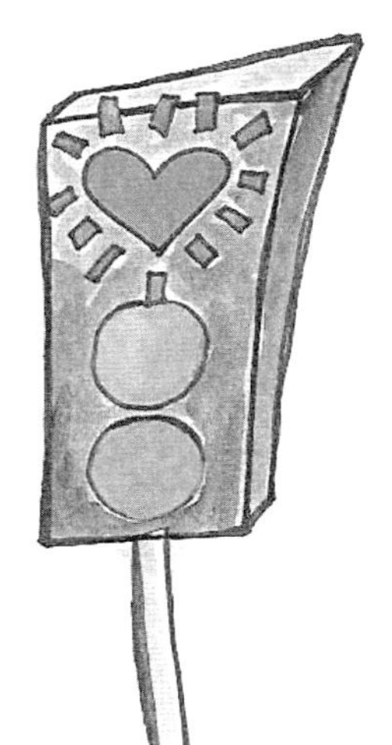

**Die Klasse**
Zahnarzt!

**Herr Sandkröger**
Aua – jetzt hat es bei mir im Mund ganz böse gezuckt!

**Marie**
Dann wäre es am besten, wir kriegen jetzt eine Freistunde und Sie ...

**Emma**
...holen sich ganz schnell einen Termin bei Dr. Brummer!

**Marie**
Für ein zärtliches und aufregendes Date...

**Alle**
Mit Mundberührung!

**ENDE**

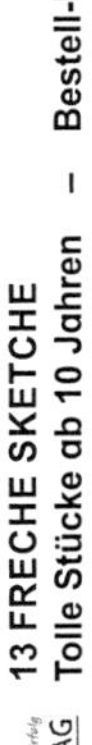

13 FRECHE SKETCHE
Tolle Stücke ab 10 Jahren – Bestell-Nr. 12 156
KOHL VERLAG

# 13 Wilde Bande

**Die Personen**

Frau Weber, Lehrerin
Frau Tauber, Schulleiterin
Herr Küpper, Hausmeister

*Frau Weber, eine Lehrerin, steht vor einer Tür. Sie ist wütend.*

**Frau Weber**
Was für eine schreckliche Bande!

*Frau Tauber, die Schulleiterin, kommt hinzu.*

**Frau Tauber**
Aber Frau Weber, was haben Sie denn?

**Frau Weber**
Ich wusste nicht, dass diese Schule so eine Hölle ist. *(Sie weint, nimmt ein Taschentuch.)*

**Frau Tauber**
Bitte beruhigen Sie sich!

**Frau Weber**
*(aufgeregt, verheult)* Ich halte es da drinnen keine Minute länger aus.

**Frau Tauber**
Sie sind eine Lehrerin und dies ist Ihr Arbeitsplatz.

**Frau Weber**
Und Sie sind meine Schulleiterin, bitte verstehen Sie doch, die wilde Bande da drin ist einfach fürchterlich.

**Frau Tauber**
Jetzt übertreiben Sie aber, liebe Kollegin.

**Frau Weber**
Sie zappeln auf ihren Stühlen herum, werfen ihren Müll auf den Boden, quatschen dumm durcheinander und haben überhaupt keine Manieren…

**Frau Tauber**
Vielleicht brauchen Sie nur eine kleine Auszeit, Frau Weber!

**Frau Weber**
Sie brüllen sich gegenseitig an und benutzen die übelsten Schimpfworte!

**Frau Tauber**
Aber Frau Weber!

# Wilde Bande

**Frau Weber**
Am schlimmsten ist es am Montagmorgen. Am Wochenende haben sie bis in die Nacht vor der Glotze gesessen und in der Schule pennen diese Schlaftabletten im Stehen ein. – Mir reicht's! Die machen mich fix und fertig! *(Sie weint wieder.)*

*Hausmeister Küpper kommt mit einem Werkzeugkoffer und einem Schild in der Hand.*

**Herr Küpper**
Entschuldigung, Frau Direktor, darf ich mal!

**Frau Tauber**
Ah, Hausmeister Küpper.

**Herr Küpper**
Na, bisschen Kummer, Frau Weber. Waren das mal wieder die Stinkstiefel aus der 7a?

**Frau Weber**
Schlimmer, Herr Küpper, viel schlimmer. Es waren die da! *(zeigt auf die Tür)*

**Herr Küpper**
Trotzdem hätten Sie die Tür vorhin nicht so knallen sollen!

**Frau Weber**
Entschuldigung!

**Herr Küpper**
Na ja, dann will ich das Türschild mal wieder anbringen.

**Frau Tauber**
Danke, Herr Küpper, danke!

*Er hängt ein Schild mit der Aufschrift „Lehrerzimmer" an die Tür.*

**ENDE**

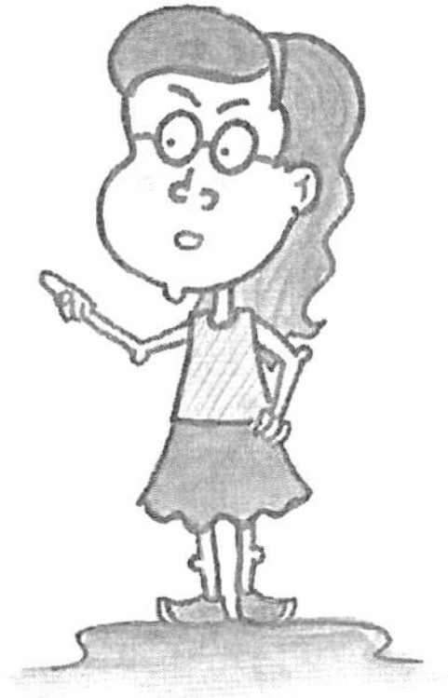

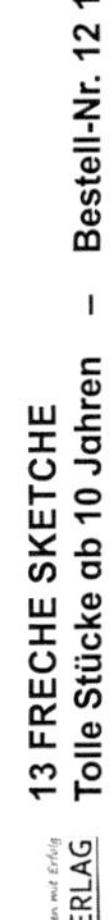

Klasse 1 2 3 4 5 6 7 8 9 10 11-13

Jugendtheater

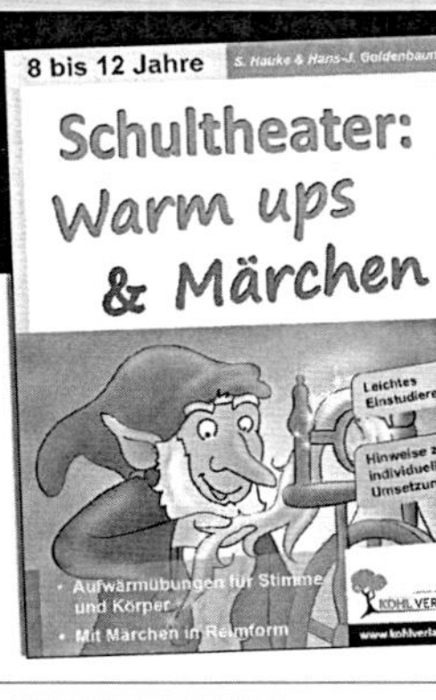


Sabine Hauke & Hans-Jürgen Goldenbaum

## Schultheater: Warm ups & Märchen

*Stücke unterschiedlicher Länge zu bekannten Märchen. Hinweise zum Einstudieren und die Rollenverteilung sind jeweils bei den Einzelstücken berücksichtigt. Die Warm ups für den Beginn jeder Probe zur Schulung von Stimme und Körper sind als kleine Sammlung in Kartenform eine essentielle Grundlage.*

48 Seiten | 12 209 | ab 12,49 € — Klasse 3 4 5 6

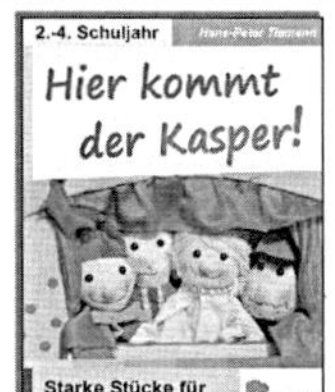

*Hans-Peter Tiemann*

## Hier kommt der Kasper! ... für die Puppenbühne

*Dieser Kasper ist mal poetisch leise, mal polternd ... Kaspers Clique mit Oma, dem Polizisten und dem Krokodil darf ebenso wenig fehlen wie Gretel, die Prinzessin und der Räuber. Das Puppenpersonal zeigt, wie jung es geblieben ist, wenn es Kaspers „Handy-Malheur" erlebt oder wenn sich das Krokodil als hochbegabt entpuppt .....*

48 Seiten | 12 365 | ab 12,49 € — Klasse 2 3 4

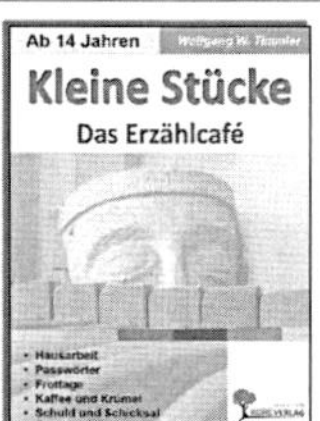

*Wolfgang W. Timmler*

## Kleine Stücke Das Erzählcafé

*Im Erzählcafé treffen sich fünf Paare, deren Gespräche in zwanzig Szenen wiedergegeben werden. Alles dreht sich um Emigration, Integration, Fremdsprachenerwerb, Selbstdarstellung in den Medien, Eltern-Kind-Konflikte, Krankheit und Einsamkeit. Lebensnah, ungekünstelt, tiefgründig.*

144 Seiten | 12 363 | ab 21,49 € — Klasse 8 9 10 11-13

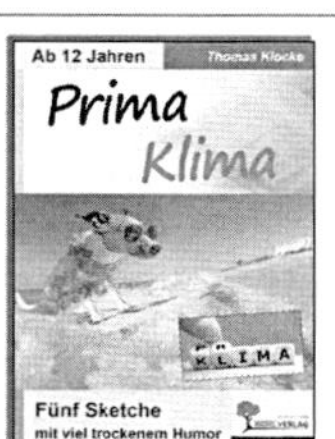

*Thomas Klocke*

## Prima Klima

**Fünf Sketche mit viel trockenem Humor**

*Diese vielfach erprobten Sketche sind für zwei abendfüllende Vorstellungen frei kombinierbar. Drei der Sketche bieten Rollen für die ganze Klasse an.*

56 Seiten | 16 017 | ab 13,49 € — Klasse 7 8 9 10 11-13

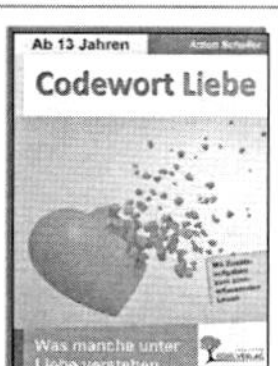

*Anton Schaller*

## Codewort LIEBE Was manche unter Liebe verstehen

*Acht anschauliche Fallbeispiele und Impulsgeschichten inklusive vieler Fragen, Rollenspiele und Übungen zum Thema Liebe: Wahre Liebe ist nicht gleich Sex, Gefahren durch Internetbekanntschaften, Kinder in den Fängen eines Pädophilen, Prostitution von Straßenkindern usw.*

40 Seiten | 12 362 | ab 12,49 € — Klasse 8 9 10 11-13

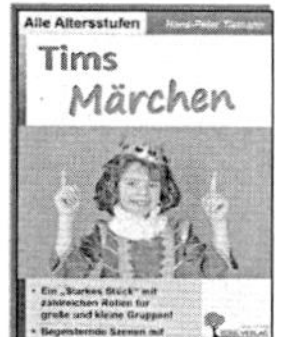

*Hans-Peter Tiemann*

## Tims Märchen Ein „Starkes Stück" für große & kleine Gruppen

*Das Stück ist für große Gruppen geeignet, kann mit Streichungen einzelner Episoden aber auch in kleinen Ensembles gespielt werden. Ein Chor kann ebenfalls mitwirken, da Songtexte enthalten sind.*

52 Seiten | 12 364 | ab 13,49 € — Alle Stufen

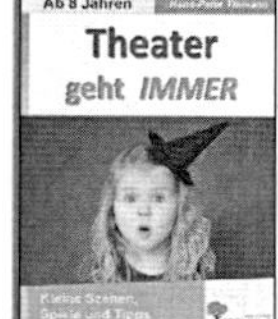

*Hans-Peter Tiemann*

## Theater geht *IMMER*

*Der Band begeistert mit neuen Aufwärm- und Ausdrucksspielen, mit Impro-Theater und Mini-Spielszenen für Zwischendurch. Mal anarchisch wild, mal poetisch leise schlüpfen kleine und große Akteure in wunderbare Rollen.*

48 Seiten | 16 014 | ab 12,49 € — Klasse 3 4 5 6

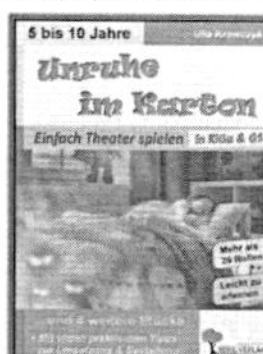

*Ulla Krawczyk*

## Unruhe im Karton Einfach Theater spielen mit Kindern

*Die erfahrene Theaterpädagogin Ulla Krawczyk hat ein Heft konzipiert, das Sie und Ihre Gruppe/Klasse sicher bei den einzelnen Schritten bis zum Auftritt begleiten wird. Zur Wahl stehen 4 Stücke, mit Anleitung zur Bühnengestaltung und Umsetzung. Spaß und Applaus sind garantiert!*

36 Seiten | 12 719 | ab 11,99 € — Klasse 1 2 3 4 5

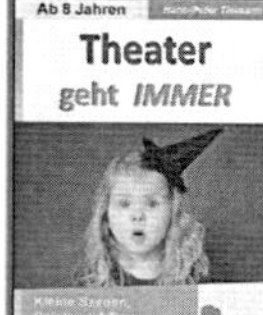


*Hans-Peter Tiemann*

## Theater geht *IMMER*

*Der Band begeistert mit neuen Aufwärm- und Ausdrucksspielen, mit Impro-Theater und Mini-Spielszenen für Zwischendurch. Mal anarchisch wild, mal poetisch leise schlüpfen kleine und große Akteure in wunderbare Rollen.*

48 Seiten | 16 014 | ab 12,49 € — Klasse 3 4 5 6


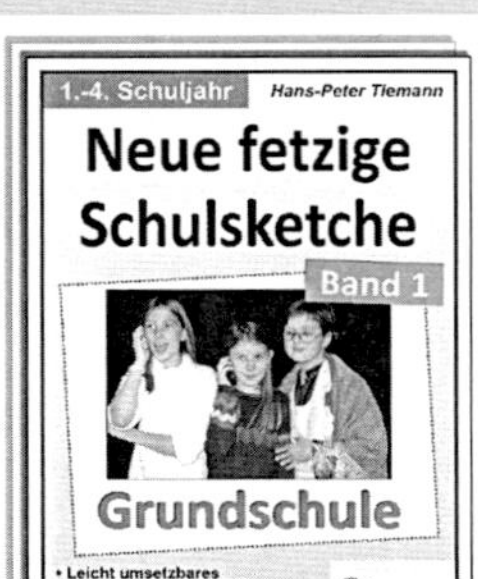

*Hans-Peter Tiemann*

## Fetzige Schulsketche

*Die Sketche sind ohne großen Aufwand umsetzbar, leicht zu erlernen und enthalten spannende Rollen, die den Kindern Spaß machen und Begeisterung für das Theaterspiel wecken werden! Wir freuen uns, Ihnen zur neuen Theatersaison dieses Sketchewerk anbieten zu können!*

**Aufführungszeit**: 3 - 15 Minuten.

Alle Stufen

| | | | | |
|---|---|---|---|---|
| GS | 44 S. | Neue fetzige Schulsketche | 10 796 | ab 12,49 € |
| GS | 48 S. | Mehr fetzige Schulsketche | 11 059 | ab 12,49 € |
| SEK | 56 S. | Neue fetzige Schulsketche | 10 797 | ab 13,49 € |

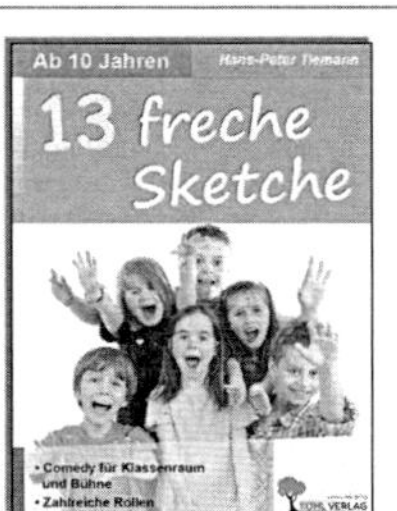

*Hans-Peter Tiemann*

## 13 freche Sketche

*„Bühne frei" für viele Mitwirkende: Jeder Sketch bietet zahlreiche Rollen, kann aber auch mit kleinen Spielgruppen inszeniert werden. Ob „Erstes Date", „Streichelzoo" oder „Flaschengeist", alle Szenen sprühen vor Wortwitz und frechen Comedy-Elementen.*

***Frischer Wind für Ihre Theater-AG!***

*Dauer: je ca.3 - 7 min*

56 Seiten | 12 156 | ab 14,49 € — Klasse 5 6 7 8 9 10

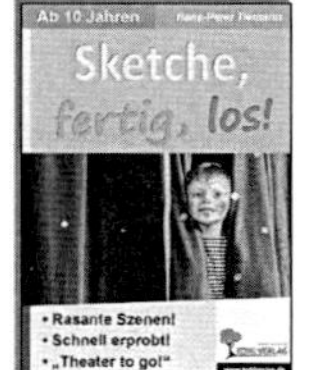

*Hans-Peter Tiemann*

## Sketche fertig, los!

*Akteure und Publikum werden begeistert sein von diesem Sketchfeuerwerk: Die turbulenten Spielszenen aus dem Schul- und Beziehungsalltag benötigen wenige Requisiten und können nach kurzer Probenzeit aufgeführt werden. Blitzende Pointen sorgen für Lacher vom ersten Dialog an.*

48 Seiten | 12 155 | ab 13,49 € — Klasse 5 6 7 8 9 10

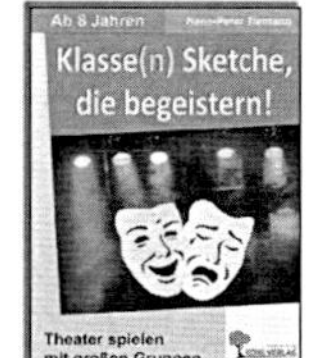

*Hans-Peter Tiemann*

## Klasse(n) Sketche, die begeistern!

*Die turbulenten Szenen haben für alle Mitwirkenden attraktive Rollen: Man verwandelt sich in eine stolze Hundedame, um zwei Seiten weiter einen verrückten Handytarif zu parodieren. Mit behutsamer Regie machen diese 6 Sketche aus jeder Klasse ein buntes Theaterensemble!*

44 Seiten | 10 893 | ab 13,49 € — Klasse 3 4 5 6 7 8 9 10 11 13

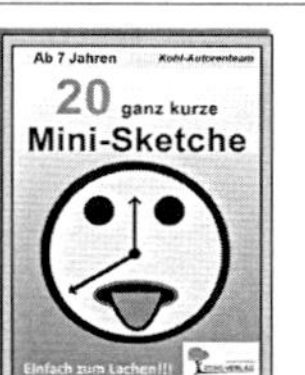

*Hrsg.: Kohl-Redaktion*

## 20 ganz kurze Mini-Sketche

*Die sehr kurzen Sketche (Dauer: ca. 2 Minuten) garantieren schnellen Lacherfolg. Alle Stücke bestehen aus 2 Rollen, die sehr leicht zu erlernen sind.*

24 Seiten | 10 066 | ab 10,99 € — Alle Stufen

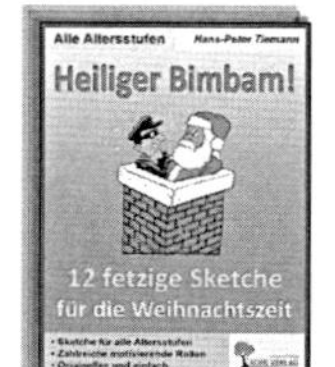

*Hans-Peter Tiemann*

## Heiliger Bimbam! Fetzige Weihnachtssketche

*Einfache Rollen für die ganze Klasse! Die packenden Stücke haben es in sich: machen Sie sich auf einen turbulenten Theaterabend gefasst!*

| | | | |
|---|---|---|---|
| 60 S. | Heiliger Bimbam! | 10 750 | ab 14,49 € |
| 64 S. | Neues vom Heiligen Bimbam | 11 034 | ab 14,49 € |

Alle Stufen

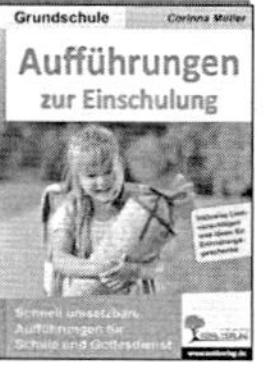

*Corinna Müller*

## Aufführungen zur Einschulung

*Acht Aufführungen für die Einschulungsfeier oder den Gottesdienst. Der Großteil der Texte muss von den Kindern nicht auswendig gelernt werden. Inklusive Bastelideen für kleine Geschenke für die neuen Erstklässler. Jedes Geschenk ist unkompliziert und preisgünstig herzustellen.*

36 Seiten | 16 027 | ab 11,99 € — Klasse 1 2 3 4

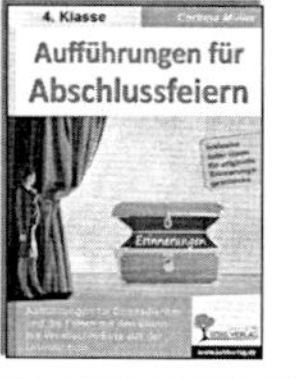

*Corinna Müller*

## Aufführungen für Abschlussfeiern

*Ideen, die ohne großen Aufwand schnell und unkompliziert umsetzbar sind. Jede Aufführung wird in zwei Versionen angeboten: Eine ist für den Gottesdienst gedacht, die andere, leicht abgewandelte Variante, kann für die Abschiedsfeier mit den Eltern genutzt werden.* ***Mit wertvollen Tipps & Ideen!***

40 Seiten | 16 013 | ab 12,49 € — Klasse 4 5

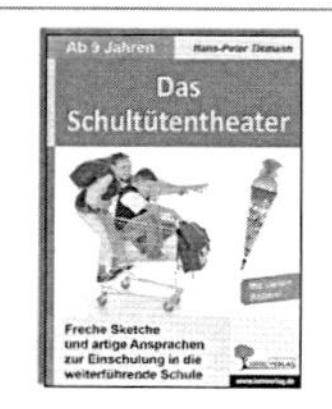

*Hans-Peter Tiemann*

## Das Schultütentheater Freche Sketche zur Einschulung

*Dieser Sketcheband wird Ihnen dabei helfen, bunte Einschulungsfeiern für die 5. Klassen zu gestalten. Hier stehen die Kinder im Mittelpunkt, denn sie sollen sich vom ersten Tag an in der neuen Schule gut aufgehoben fühlen!*

56 Seiten | 10 930 | ab 11,99 € — Klasse 4 5